D1394566

Es gibt Leute, die meinen: Gedichte sind
überflüssig. Was für ein Irrtum — ein
Leben ohne Gedichte ist ebensowenig
ein Leben wie eines ohne besondere
Eigentümlichkeiten und allgemeine
Zustände. Natürlich, Gedichte des Jahres
1975 sind anders als Gedichte des
Jahres 1945, und je weiter man sich aus
der Gegenwart entfernt, desto radikaler
werden die Unterschiede. So läßt sich
heute kein Mondgedicht wie das von
Matthias Claudius denken (ein herrliches
Gedicht), nein, wenn Claudius unter
uns lebte, würde er nicht auf die
Mondlandung der Amerikaner und
Russen verzichten.

Diese Sammlung hier versucht nun, die
„Expeditionen" aus dem Jahr 1959
fortzusetzen; ihre „neuen Expeditionen"
umfassen also die Jahre 1960 bis 1975
und die lyrischen Produktionen aus
dieser Zeitphase. In einem Nachwort
bemüht sich der Herausgeber um eine
Analyse. Dabei kommt er zu dem
Ergebnis, daß das Inhaltliche und das
Formale keine Gegensätze sind, sondern
eine Synthese bilden. Es versteht sich
von selbst, daß er subjektiv verfährt:
wie könnte es, bei so sublimen und
zugleich unmittelbaren poetischen
Äußerungen, auch anders sein?

Der Herausgeber WOLFGANG WEYRAUCH,
geboren 1907 in Königsberg/Pr., wuchs in
Frankfurt am Main auf. Lebt jetzt
in Darmstadt.
Hörspielpreis der Kriegsblinden, 1962;
Stereo-Hörspielpreis, 1967; Johann-
Heinrich-Merck-Ehrung der Stadt
Darmstadt, 1972; Andreas-Gryphius-
Preis, 1973; Mitglied der Deutschen
Akademie für Sprache und Dichtung,
Darmstadt, und des PEN. Juror des
Leonce- und Lena-Preises für neue Lyrik.

Neue Expeditionen

Deutsche Lyrik von 1960-1975

Herausgegeben von
Wolfgang Weyrauch

List Verlag

Umschlaggestaltung: Design Team München

ISBN 3-471-79122-1

© dieser Ausgabe 1975 Paul List Verlag KG, München.
Alle Rechte vorbehalten. Printed in Germany.
Satz: Fertigsatz GmbH München
Druck: Karl Wenschow GmbH München
Bindearbeit: R. Oldenbourg GmbH München

Inhalt

WIR

ES

ICH

WIR

Hans Dieter Hüsch

Kinderlied

Oslo am Niger
Zürich am Don
Madrid an der Elbe
Bern an der Wolga
Berlin am Missouri
Peking am Main
Ja, welcher Atlas
Ja, welcher Atlas
Könnte wohl schöner sein?

Am Amazonas liegt Budapest
Und an der Moldau ein Moselnest
Prag an der Mosel
Und Rio am Nil
Welch ein fantastisches, friedliches Spiel!

Am Mississippi liegt Amsterdam
Und an der Amstel nun Tel Aviv
Köln an der Weichsel
und Kairo am Belt
Welch eine neue, artistische Welt!

Wien an der Themse
London am Tiber
Paris an der Donau
Rom an der Seine
Bonn am »Entweder«
Warschau am Rhein
Ja, welcher Atlas,
Ja, welcher Atlas
Könnte wohl schöner sein?

Hanoi liegt am Ganges
Saigon liegt am Po
Doch leider ist die Lage nicht so
Daß wir dies Lied fröhlich beschließen
Denn was dort fließt, nennt man Blutvergießen.

Oslo am Niger
Zürich am Don
Madrid an der Elbe
Und an der Maas liegt Lissabon
Berlin am Missouri
Und Moskau am Main
Ja, welcher Atlas
Ja, welcher Atlas
Könnte wohl schöner sein?

Heinz Piontek

Um 1800

Zierlich der Kratzfuß
der Landeskinder,

während wer fürstlich
aufstampft.

Gedichtzeilen.
Stockschläge.

Viele träumen,
daß man sie verkauft.

Die Tinte leuchtet.

Deutschlands
klassische Zeit.

Guntram Vesper

Galeriegedanken

Das ganze Biedermeier eine Idylle im
altgoldenen Rahmen.
Keine Schuppen von Borsig keine
Werkstatt von Krupp.
Viel Landschaft eine Menge
Berg und Tal.
Von allen Wegen winken uns
zuversichtliche Landleute.
Keine Bettlerfamilien
die Stoppelfelder ohne Ährenleser
allein
im Besitz der Besitzer kein Gesicht
nicht eins
geprägt vom Zwölfstundentag
nirgendwo Invaliden die Kinder mit zehn
noch im Schul- und nicht im Maschinensaal.
Vielleicht
von Ludwig Richter: Fürs Haus.

Fritz Pratz

Douaumont

Ins Innere gelangen
durch Gang A
der zum
Granatendepot
führt
  es
  mit schneidigen Augen
  vom Feinde
  säubern
    über Stufen H
    zum
    Souterrain
      alte Kameraden
      bei
      Schartenlicht
      fangen sie an
        Treppen nehmen
        M
          die Kasematten
          Mann
          für Mann
          Ehre ihrem
            den
            großen Gang
              Sperrfeuer
              aus sämtlichen
              Öffnungen der
              Magazinwand
                schließlich
                  und endlich
                  Auge um Aug
                  einmal wieder
                  den
Hohlgang
(In Sturm und Wetter
war Gott mein Retter)

Roland Ludwig

die soldaten

tabak zwischen den strammen lippen
ziehen sie an ihrer zeit

in die sonne starren
die leeren pupillen
der mündungen
auf dem weiß des horizonts
einige zeilen menschen:
eine drohung
an gott und die welt

blut zwischen den eisigen lippen
verlernen sie das fremdwort
vaterland

Ror Wolf

der vater spricht von dem franzos

der vater spricht von dem franzos
des kaisers maßkrug schwarzweißrot
steht zugeklappt auf der kommod
der vater spricht der krieg ist groß

der vater mittlerweile spricht
von dem franzos das kind lauscht still
die mutter lauscht es lauscht die magd
es lauscht der knecht der hund lauscht nicht

magd mutter knecht und kind und hund
die sitzen stumm am heißen herd
der vater spricht von dem franzos
tut auf den mund bis auf den grund

und hebt sein langes schießgewehr
der vater hat die zipfelmütz
die mutter hat die haube an
und knecht und magd die atmen schwer

auf dem gestell der gugelhupf
an dem die mutter gestern buk
auf der kommod der maßkrug steht
und der franzos im unterschlupf

der vater sich die pfeife stopft
moment franzos ist noch nicht tot
das zündholz brennt der maßkrug steht
auf der kommod die standuhr tropft

die mutter hat die haube an
der vater spricht der knecht ist stark
die magd ist rund das kind ist klein
der hund hat seine pflicht getan

der schinken in der kammer hat
die maden und am harten käs
macht sich die ratte fett und pfeift
die fliege schwirrt die magd wird matt

die mutter macht die haube los
das kind muß auf den topf und schreit
und knecht und magd die sind zu zweit
der vater spricht von dem franzos

Friedrich Hagen

erhofft euch nicht daß ich heut von den scheuen Bergen singe
und vom geschwätzigen Kirschbaum und von der Frau die ich liebe

ich kann's nicht mir schmeckt das Wort nach dem Blut der Kinder im
Reisfeld
es glüht mir vom baskischen Zorn es spricht mit der Zunge der Toten

mir geht durch mein Wort die Klage von Auschwitz die Nacht der Ägäis
noch immer blutet mein Wort aus den Wunden von Oradour

verlangt nicht daß ich vom Rot der Vogeldolde singe
ich kann's nicht denn rot war das Blut in Santiago und rot im Aurès

mir ward das menschliche Wort nicht um Mörder zu loben ich kann's nicht
sie geben den Tod mit den Worten mit denen ich lebe und liebe

Ilse Aichinger

Dreizehn Jahre

Das Laubhüttenfest ist weit,
der Glanz der Kastanien,
aufgereiht am Fenster des Gartenhauses.
Und noch im Raum
die Kerze,
die Religionen der Welt

Der Wüstenstaub unter dem Fahrradschlauch.
Nach diesem Mittag
kommt die Dämmerung schneller.
Die Gefährten
und ein grünes Grab,
Rajissa.

Wir kommen abends wieder,
wir kommen nimmermehr.

Walter Mehring

Selbstanzeige des Autors beim letzten Kreuzverhör

(in irgendeinem jener grabesfeuchten, infernal überheizten Amtslokale, wo unsereins — der Reihe nach! — auf der Frage gegrillt wird: Sie waren? . . . Deine Papiere! — Denn damit beginnt es, daß jeder einzelne heruntergeduzt wird . . .)

— Der Erste?
   Frontkämpfer! . . . Hier der Heeresbericht und mein Bauchschuß.

— Der Nächste!
   Genosse! Hier meine Mitgliedskarte — und die Quittung über meine standrechtliche Erschießung.

— Der Nächste!
   . . . man bloß'n einfacher Mann von der Straße . . . Ich wollte ebent man bloß nach Feierabend über die Straße um mir rasch noch 'ne Pulle Bier . . . Und wie 'ck da um die Ecke will, da haben sie mir von hinten um die Ecke . . .

— Der Nächste!
   Existentialphilosoph! Prof. Dr. Dr. h. c. . . . Es muß sich um einen Justizirrtum handeln . . . Ich wurde nachts aus dem Bett geholt, und ehe ich ihn aufklären konnte . . . Meine Frau, die seit vierzig Jahren neben mir schläft, kann bezeugen . . .

— Der Nächste!
   Kopfarbeiter! Seeleningenieur! . . . Hier meine Nationaldichterpreise und die Kritiken: bodenständig und volksverbunden! Bejahend und optimistisch! . . . Ich habe gelobt, mich zu bessern! . . . Ich habe alles gestanden und widerrufen. Und um eine Begnadigung zur Exekution ge . . .

— Der Nächste!
   Wer? Ich? Was ich war? Definitiv ein Individualist; will sagen: kein Durchschnittsmensch — ohne behaupten zu wollen:

eine Persönlichkeit ... so, wie es von jemandem heißt: der ist Künstler — — — nicht gerade talentlos, aber auch kein Genie! oder: ein Narr! Immer gerade sterblich verliebt! — — — weder ein guter Ehemann noch ein Don Juan ... Und doch, was habe ich nicht alles angestellt — und mehr noch gelesen — — — ein Möchtegern-Abenteurer von Rimbaudexotik infiziert; um mich — ihm nach! — zu verludern [»Il faut que je m'encanaille!«] ... Ich bin vor keiner Don Quichotterie — beim Hl. Cervantes! — zurückgeschreckt; vor keiner ritterlichen Blamage; vor keinem Laster — der Marquis de Sade stehe mir bei! —, vor keiner Perversität — — — sofern sie nicht in Despotie, in legalisierte Brutalität ausartete ... Vor nichts Gedrucktem ... Doch passierte es mir, dann gleich unter so nichtswürdigen, so haarsträubend unglaubwürdigen Umständen, daß es mir nie gelang, rühmlich aus ihnen hervorzugehen ... zu meinem gewaltigen Ärger hinterdrein, wenn robuster Begabte mit Erlebnissen protzten, die in mir nur Abscheu, Ekel erregt hatten ... Ich ... Sollte aber auf diese meine Selbst-Anzeige das übliche Ewige Schweigen antworten, in das sich das Höchste Wesen hüllt, wodurch ES sich uns als DIE ALLMACHT, als DER EINZIGE offenbart, dann werde ich — — — bzw. was von meinem Ich-Selbst noch übrig sein sollte — — — denn ich habe mich schon zu Lebzeiten für alle Vernehmungen bis ins Endlose und sub specie aeternitatis vorbereitet — — — fortfahren: Wo ist — GOTTES Finger zeige sie mir! — die Lücke, die ich im Schöpfungsplan ließ, damit ich sie ausfülle mit meinen, gefälligst meinen Papieren — — — notfalls mit Versen — — — mit einem, mit dem Buch, zu dessen Niederschrift ich nie gekommen bin, weil mir immer etwas dazwischen gekommen ist ...: Frauen und Ideale; Pflichten und Krankheiten; Weltkriege [zwei]; Freiheits-, Freitod- und Verfolgungsepidemien; Verhaftungen; Exile und ... sonstige Ausflüchte ... und unzählbare, auch andeutungsweise nicht erzählbare ... Ich bitte, mich ausreden zu lassen ...!!!

— Der Nächste...!

Hilde Domin

Abel steh auf

Abel steh auf
es muß neu gespielt werden
täglich muß es neu gespielt werden
täglich muß die Antwort noch vor uns sein
die Antwort muß ja sein können
wenn du nicht aufstehst Abel
wie soll die Antwort
diese einzige wichtige Antwort
sich je verändern
wir können alle Kirchen schließen
und alle Gesetzbücher abschaffen
in allen Sprachen der Erde
wenn du nur aufstehst
und es rückgängig machst
die erste falsche Antwort
auf die einzige Frage
auf die es ankommt
steh auf
damit Kain sagt
damit er es sagen kann
Ich bin dein Hüter
Bruder
wie sollte ich nicht dein Hüter sein
Täglich steh auf
damit wir es vor uns haben
dies Ja ich bin hier
ich
dein Bruder

Damit die Kinder Abels
sich nicht mehr fürchten
weil Kain nicht Kain wird

Ich schreibe dies
ich ein Kind Abels
und fürchte mich täglich
vor der Antwort
die Luft in meiner Lunge wird weniger
wie ich auf die Antwort warte

Abel steh auf
damit es anders anfängt
zwischen uns allen

Die Feuer die brennen
das Feuer das brennt auf der Erde
soll das Feuer von Abel sein

Und am Schwanz der Raketen
sollen die Feuer von Abel sein

Hildegard Wohlgemuth

Er ging

Er ging so
zärtlich
über Leichen

Er brachte
einen Beutepelz
aus Polen

und einen
herrenlosen
Hund

Er schickte
Wasserrosen
im November

und schrieb:
Sie blühten
über Königskindern

Er pflückte
einen
gelben Stern:

Für Dich
von Myriams
kalter Brust

Er ging so
zärtlich
über Leichen

ging
mir
voraus

Horst Bienek

Die Zeit danach

I

Es gibt eine Zeit
       und die Zeit danach
von welcher Zeit wollen wir reden

II

Als das Reh neben dem Löwen weidete
als der Apfel reifte für den der den Apfelbaum düngte
als wer den Fisch fing ihn auch essen durfte
das war eine Zeit
       paradiesische Zeit
           von der wir gern
predigen hörten
Als wir zusammengedrängt lagen auf hölzernen Pritschen
als die Dunkelheit unsre schwitzenden Leiber einsperrte
als uns der Hunger den Schlaf und den Traum zerspellte
das war eine Zeit
      finstere Zeit
        die wir unseren Feinden
nicht wünschten
Als der Schrei des Wachmanns uns auf den Appellplatz jagte
als wir mit stumpfen Geräten die Kohle aus der Erde gruben
als wir in den schwarzen Versteinerungen eine Antwort suchten
warum diese Zeit
      so war
       von der wir lieber

in den Lesebüchern gelesen hätten
Als wir heimkehrten in die Städte ohne Erinnerung
als — unerkannt — wir uns unter ihre Bewohner mischten

als wir einbrachen in ihre Häuser und den Argwohn zurückließen
das war eine Zeit
    schmerzliche Zeit
        die wir mit unserer Trauer
zuschütteten

III

Wir sind auf dem Weg von der einen Zeit
in die andere
    doch wohin wir auch gehen
    wir kommen nicht an
    manchmal brechen wir in die Knie
    und der Regen näßt unsre Gesichter
wir singen
   man hört uns nicht
   (denn die Müdigkeit schweißt uns die Lippen zusammen)
unsre Gesten sind zaghaft
   man begreift sie nicht
   (denn die Verzweiflung schlägt uns die Arme vom Rumpf)
wir gehen weiter
auf dem Weg von der einen Zeit
   in die Zeit danach

IV

Mitleidig wirft man uns Wörter in den Schoß

Heinz Winfried Sabais

Sozialistische Elegie

I

Wir, geboren im Proletariat,
als es das gab, in Hinterhöfen der Vorstadt,
Enge, Zwang, Stallwärme ohne
Grundkapital, unverzinslich,
Menschenmaterial zum alsbaldigen
Verbrauch bestimmt: Lernen,
um nützlich zu sein; Bildung
amüsiert feine Leute. Blutjung
dressiert auf Massengrab. Trotzdem,
trotz Kniebeugen, trotz Demütigungen,
Selbstbestimmung von innen,
abgelistete Lust, mein
abgelistetes Leben, es sei,
wie es wolle, mein Leben!
Laßt tausend Blumen, tausend
obszöne Flüche blühn über den
mörderischen Kollektivismen
dieses elenden Jahrhunderts!
Faschismus, Kommunismus und
ewig so weiter, merde, danke!
Aller Macht den parlamentarischen
Fuß in die Tür und, gut gerechnet,
das soziale Gesetz in die Kasse!
Und die Menschenrechte
nirgendwo eine Minute
aus den Augen gelassen.
Würde des Menschen,
meine, deine, seine, ihre,
unsere, eure, ihre, immer
konkret genommen und auch
gegeben, altmodisches Maß

dessen, was ist, unverzichtbar:
Lieber sterben als kriechen.

II

Das wär's dann gewesen:
Marschbefehle quer
durch Europa. Töten
oder getötet werden.
Geduckte Solidarität
mit den Leidenden.
Melancholie unter Blutsturz
und Lüge und Haß.
Montaigne im Tornister,
das hielt vor. Erziehung
durch Rückzüge, Fluchten
von Sieg zu Sieg. Unsere
Lehre für's Leben:
Die besinnungslose
Maschinerie der Gewalt,
geschmiert mit verkommenen
Idealen. Optimismus war
Nächstenverrat. Die klügste
Technik des Überlebens:
Alles aufgeben, loslassen,
verlieren, um sich selbst
zu behalten. Augenblicke
allein, zu zweit, zu viert,
mehr geht nicht. Das Fazit:
Systemglück ist organisiertes
Unglück, die heile Welt
ein Krematoriumstraum.
Nichts lohnt, nichts, garnichts,
um zu töten, sich töten zu lassen.
Dies als Erfahrung.

III

Das wär's dann gewesen:
Menschheitsbeglücker mühsam
genug überlebt, die braunen,
die roten, gleichviel. Schutt
geschippt, durchgehungert,
gebettelt. Die Ehe, die Arbeit,
Pflichten entdeckt, die lieben
Kleinen gepäppelt, Bücher
geschrieben an Anonymus, an
neuen Städten gebaut, Praxis.
Auch Vernunft, das Heitere, Freie
hochgehalten in Dreck und
in Speck. Gewiß, keine Linie, nur
die sprunghafte Abfolge sehr
einzelner Punkte im Ungefähr.
Aber Geschichte ist nicht auf dich,
nicht auf eine Generation hin
angelegt. Dir gehört allein
deine Lebenszeit, die einzige, und
das dämmert sehr langsam.
Wenig genug erworben:
Bücher, Bilder, Auskommen
für ein Jahr und zu viel
moralischen Überschuß,
unverzehrbar durch Stimmungen.
Nein, mit Immobilien nichts im Sinn,
nie immobil sein. Man
muß sich entziehen können,
jetzt, immer. Auf, Graukopf,
in die Wälder, fort,
wenn die Lemminge kommen!
Frei wie ein Vogel sein,
vorbereitet bis zuletzt,
auf Vogelfreiheit, die einzige,
die nichts kostet, allenfalls
deinen Kopf.

IV

Das ist sie, das wird sie gewesen sein:
die ausgeblutete Generation,
historisch eingestaucht zwischen
tyrannische Väter
(»Gott mit uns!«)
und fanatisierte Enkel,
(Marx mit uns!).
Theorieüberfressener Rausch,
der simple Totalität will
statt schwierige Wahrheit,
dummt sich rasend selbst fort —
zum nuklearen Eklat!
Noch sind wir da, herbstkühl,
die skeptischen Kulis,
sind bald dagewesen.
Und werden bleiben:
Flüchtige Spurenelemente
von Humanität in diesem
und jenem, für eine Weile;
bald eine manipulierte Sage,
ein abgefälschtes Lächeln
im sozialen Beton, zuletzt
Makulatur, nichts, garnichts.

V

Nehmt euch selbst auf den Arm,
Nachgeborene, Schafe im Wolfspelz,
auf eurem lärmenden Marsch
von KZ zu KZ.
Vielwissende, Unwissende!
In allen perfekten Systemen,
geglaubten, gedachten,
heckt Inquisition.
Euer geschlossenes Weltbild,
ein Zuchthaus: Ein Rückfall in
»selbstverschuldete Unmündigkeit«.

Viele Tore stehen offen für Toren,
kein Ausgang; es gibt nur
Fluchtwege über die Mauer.
In Marx steckt Stalin,
wie die Puppe in der Puppe.
Wollt ihr den tierischen
Totentanz noch einmal
tanzen? Warum? Wozu?
Noch eine GULAG-Gesellschaft?
Es lebe Eduard Bernstein
und der strikte Sozialstaat!
Das braucht allerdings
Arbeit, kein Opium.
Schwitzt aus, Lemminge, was ihr
auswendig gelernt habt,
die berauschende Illusion!
Eure Majakowskis preisen
den Mord, — den Selbstmord
schon in der eigenen Schläfe.
Eure Revolution wird
euch fressen, Mahlzeit,
wie Blutwurst aus Büchsen.
An eurer Eisglut, ihr schafft es,
wird Europa vergletschern, oder
es glückt euch (verstohlen),
euch selbst zu entkommen.

VI

Möchte euch unser Staub
dereinst leicht sein,
ein nützlicher Hustenreiz
für eure Computer. Und
ein antikes Ärgernis
euren chinesischen Chefs.

(für Joseph Breitbach)

Helmut Lamprecht

Prag — August 68

Seit Marx
den Hegel
vom Kopf
auf die
Füße stellte
gewinnt
die Auffassung
an Boden
es komme nur noch
auf die
Stiefel an.

Harry Oberländer

38. breitengrad

ein haus steht im wind
der singt von den mauern
der flüstert die namen
der flüstert im dunklen
ein haus steht im wind
der singt und flüstert
der singt von iaros und leros
der singt vorbei an den bunkern
die liegenblieben im grünen gesträuch
ein haus steht im wind
der singt von den mauern
der flüstert die namen
der singt vom dorf in den bergen
wo die zeit einschlug auf theodorakis

ein haus steht im wind
der singt um deine kleine verbannung
der flüstert von yannis ritsos
der singt, der singt für daniel
für jurij daniel ein trauriges lied
ein haus steht im wind
im wind, der singt und flüstert
im wind, der schreit die mauern
der schreit über den bunkern
der schreit von oranienburg
schreit die angst schreit den rauch
dieser himmel am abend
der dich niederdrückt in deiner verbannung

ein haus steht im wind
unterm himmel am abend
der hat keine tränen
der hat nicht lichter
ein haus steht im wind
der singt und flüstert und schreit
die namen die einsamkeit und die verbannung
ein haus steht im wind
unterm himmel am abend
ein haus steht im wind
der singt und flüstert
ein haus steht im wind
der schweigt von der hoffnung

Arnfrid Astel

Grashalme

Dies hier im Gras
ist die Antenne
meines Kofferradios,
und das dort
über der Saar
sind Angelruten,
ausgefahrene Grashalme,
und die Lenkstange
meines abgestellten Mopeds.
Ich höre Nachrichten.
Wallraff ist frei,
die griechische Junta
ist entmachtet.

Dietmar Ortlieb

Die beste der Welten

Jag zu,
hetz Hunde,
stell Fallen —
vergeblich
Angel, Grube, Netz,
die Köder,
wohlduftend,
verlockend,
sich einzurichten,
behaglich
unterm tödlichen Bolzen,
im Ohrsessel
vor der ferngespielten Not:
Das ist nicht die beste der Welten,
dein schäbiger Trost!
In deine Styropor-Wände
bohre ich Löcher,
hörst du den Lärm!
Um die Ecke
die Realität der Bilder,
ohne Programmschalter,
die klirrende Hausse
der Waffenschmiede.
Mars regiert
auch dein Horoskop
und ist kein Aberglaube.

Mars,
Unstern,
Giftmischer
in Chile, Bolivien, Brasilien,
Rippenbrecher

in Amins Schatten, Würger
in der Garotte der Apartheid,
abknallend uns in Malaysia —
wir, karnicklige Wilde
vor den Flinten weißer Landräuber,
wir, asthmatisch
in der stickigen Heimtücke
der Iren gegen Iren gegen Iren,
wir, die einäugigen Dominosteine Vietnams, wir,
bald mit Juden,
bald mit Arabern
ins Haifischmeer gestürzt:
Krähe zwischen allen Fronten.

Die Rothaut in uns,
der Nigger,
der Falschgläubige,
Gastarbeiter im Fürstenreich,
die Lepra
der keep-smiling-world,

auf Expedition
zu dem langsamen Brüter,
die Vernunft
in den Hirnen.

Günter Guben

Doppelter Boden

Heute
kann ich nicht mehr ohne weitres Worte
sagen
wie
DIE BOMBE
DIE PILLE
AMERIKA
JUDE
GAS
BILD
MAUER
NATIONAL

Immer denkt man dabei an etwas
anderes

F. C. Delius

Ein Traum von Mozambique

Weit hinter den umkämpften Gebieten
hatten wir ein Magazin zu verwalten,
Uniformen, Zelte, Eßgeschirr usw., und hörten
dauernd unsern Sender. Als der Reporter
das Ende der letzten Portugiesen beschrieb,
reihenweise stürzten sie mit ihren MGs vom Staudamm,
fiel mir der Song vom fool on the hill ein.
Und dann fröhlicher Trubel in der Steppe,
hunderte der verschiedensten Leute rannten
hin und her, Autozusammenstöße wie auf dem Rummel,

aber ich konnte einfach nicht begreifen, was
Sieg heißt, lief wie ein Kindskopf
durchs Land und wollte mir erklären lassen,
was Sieg heißt. Aus den Wracks von
NATO-Hubschraubern baute Bob Dylan irgendwelche
Geräte aus, sagte: Mensch, freu dich doch!
Ein Algerier, unter einem Affenbrotbaum,
wiederholte immer wieder diesen Satz durchs Megaphon:
Die letzten Tage des Kampfes waren schrecklich wie
die ersten Tage des Kampfes schrecklich waren.
Viele Afrikaner dachten plötzlich
ans Heiraten, meine Freundin aus Frankreich,
die in der Lebensmittelversorgung arbeitete,
bekam mehrere Anträge. Ihr Nein
wurde von einigen unsrer besten Soldaten
als Rassismus ausgelegt. Das war uns
ein bißchen unangenehm. Es war überhaupt
ein ziemliches Durcheinander.
Es fehlten immer noch Ärzte. Ein Freund,
der nie Blut sehen konnte, war plötzlich Arzt.
Später war ich an den Verhören deutscher Ingenieure
beteiligt, einer sah aus wie der Entwicklungshilfeminister,
einen kannte ich aus der Mensa der TU Berlin,
einer sagte immer: ich bin doch von Siemens.
Urteil für alle: Zwangsarbeit. Es war noch
so viel zu tun. Zwischendurch spielten wir
auf den ehemaligen Golfplätzen Fußball,
Internationale gegen Frelimo, ich,
wie immer Verteidiger, schoß sogar ein Tor
nach einem Eckball meines Genossen Andreas Fimmel.
Plötzlich kam die Freundin angerannt, zeigte
zum Himmel: die Bomber sind wieder da, die Schweine!
Wir rannten in Deckung, statt Bomben flogen aber
aus den Flugzeugen viele kleine Bombenflugzeuge, schossen
auf uns zu, die widerlichsten Stechfliegen, und kurz eh
ich aufwachte, dachte ich, jetzt geht alles wieder
von vorne los.

Johannes Schenk

Die Hühner

Abfahrt

Es werden an Bord des Schiffes verladen:
Eineinhalb Tonnen Kartoffeln, verschiedene Suppengewürze
Margarine, Reis, Curry,
Sechzig gerupfte und ausgenommene Hühner
hängen im Kühlraum.
Proviant für die Mannschaft.
Die Hühner haben schon eine Reise mitgemacht
Bremen—Afrika und zurück. Nun wieder hin.
Der Kapitän kauft lieber en gros
und zu billiger Zeit, die vor einem halben Jahr war.

In Afrika

Nun kocht in der fettigen Kombüse mittschiffs
hinter der zweiteiligen Tür
der Koch die letzten Hühner,
mager und bißchen bitter.
Nun setzt der Steward sie auf die Tische achtern
die drei und mittschiffs auf die restlichen.
Wir essen bei offener Tür
unter eisengerahmten Fenstern
schwitzen die Nasen.
Die Götterspeise danach, begossen mit Rum
schmeckt nicht übel.
In der Kombüse schneidet der Koch vom Fleisch ab,
dem Frischen und brät es.
Für den Kapitän war kein Huhn mehr da.
Er ißt extra.
Der Kapitän im Salon inmitten der Holztäfelung.
Der Koch ißt auch etwas anderes,
weil er eine empfindliche Nase hat.
Auch der Bootsmann.

Es ist Sonntag. Draußen an der Mole
scheuert ein Hai
sein angelhakenzerlöchertes Maul am Stein.
Die Matrosen legen ihre huhngefüllten Mägen ins Bett.
Einer kommt wieder hoch,
kotzt und hat ein grünes Gesicht.
Das wird der Schnaps sein von gestern.
Noch einer kommt hoch
hält sich den Bauch, kotzt und hat ein grünes Gesicht.
Das wird die Hitze sein von heute.
Noch einer kommt hoch,
hält sich den Bauch mit grünem Gesicht.
Hält seine Zunge über die Reling.
Seine Zunge ist weiß wie der Lagerschuppen,
so hängt sie raus zwischen den Zahnstummeln,
seine Zunge.
Noch einer kommt rauf und schreit: Hackt mir die Hand ab
schreit der Aber diese Schmerzen und fällt aufs Deck.
Das Eisendeck dröhnt,
wenn die Leute drauffallen.
Und schreien.
Der Steuermann,
er hat an Land und beim Makler gegessen,
gießt aus einer 10 liter Büchse
von oben Milch in die Münder der Leute.
Eben hat seine blaue Uniform einen weißen Fleck ge-
kriegt. Den muß er rauswaschen.
Neben dem Schiff,
auf dem Kai,
stehen Passanten, nicht viele, gucken zu
und sind verwundert über Matrosen,
die schreien sich krümmen die Finger verdrehen
und Augen schnell zu und aufklappen. Die frieren.
Ein Passant öffnet seinen Kragen.
Es wird schon dunkel.
Im Salon sirrt der Ventilator.
Der Kapitän schwitzt.

Er hat zuviel frisches Fleisch gegessen.
Der Koch schläft und träumt von sechzig
verfaulten Hühnern
die mit Flügeln schlagen und krähen.

Ankunft
Hier dankt die Reederei
dem Kapitän für das billige Fahren.
Sparsam drückt die Reederei,
ein Mann mit Haufen Papier und eilig,
dem Kapitän die Hand.
Der tut die Prämie in ein holzgetäfeltes Fach.
Die Mannschaft säuft achtern mit Frauen, dickeren.
Hühner werden aufs Schiff gebracht.

Kurt Marti

ich habe gelernt

ich habe gelernt (in der kirche):
wer dich auf den rechten backen schlägt
dem biete auch den andern dar

ich habe gelernt (in nahkampfkursen):
ein tritt in die hoden des feindes
legt diesen am sichersten um

was gilt nun?

Ursula Krechel

Über die Perspektive

»Die Welt ist voller Unruhe,
alles drunter und drüber,
und noch weiß man nichts Gewisses!«
Ödön von Horvath

Einige mächtige Männer
stehen am Horizont
verdecken die Sonne
und fragen:
Wo bleibt
eure Perspektive?

Wir sagen:
Je nachdem
wo man steht
sieht man
auf den Champs Elysées
eine Dame mit Hündchen
einen rotledernen Stiefel
den Absatz eines Stiefels
oder den Dreck daran.
Je nachdem
wie man blickt
sieht man
auch Bäume
von weitem.
Betrachtet
die mächtigen Äste.
Der Ast einer Kastanie
erschlug hier einen Dichter.

Geht uns aus der Sonne
dann reden wir weiter
über unsere Perspektive.

Jürgen Theobaldy

Ein Bier, bitte

Ich könnte mich daran gewöhnen, wie ein gepflegter
Mensch zu sein. Hier geht ein lautloser Tag zuende
den ganzen Tag stand das Telefon still, und lautlos platzt
der Wäschekorb unter dem Waschbecken.
Auf dem Bildschirm platzt ein Haus vor dem erstaunten
Gesicht des Sprechers. Oh the fucking news!
sagte Mehdi gestern abend und betrank sich.

Vor allem will ich Liebe. Ich will nicht
auf die Marke meiner Unterhosen achten, meiner Strümpfe
die ich zu Weihnachten geschenkt kriege, zum Geburtstag
zu Ostern und zum Sterbetag. Als Kind habe ich mir
eine Eisenbahn gewünscht und ein Oberhemd bekommen
was Praktisches in Cellophan, mit tausend Nadeln drin.
Dieses Gedicht ist praktisch nichts. Bedenk doch:
Wie soll untergehen, was wir nicht stürzen, außer der Seife
im Badewasser. Ich mache wieder Witze, obwohl mir
nicht danach ist. Muß ich wirklich
die Haare waschen, bevor du kommst? Haare waschen
ist eine schreckliche Erinnerung . . .

Und dann liebe ich alle Verwandten, besonders meine Frau
die nicht mit mir verwandt ist. Wie bitte? Ich habe nichts gesagt.
Die Tagesschau ist zuende, die Schau des Tages, the fucking
news. Heute gab es gute Nachrichten. Das Amerika-Haus
wurde besetzt, ich sag nicht wo. Der Film beginnt
und meine Haare sind noch nicht gewaschen!
Du bist nicht meine Frau. Ich liebe dich. Beschütze mich
denn ich rauche zuviel! Man wird nervös in dieser Wohnung
nach 1933 und nach 1945. Hörst du überhaupt zu?

Plötzlich bin ich in einer Kneipe mit viel Trara
am Tresen. Dieses Gedicht steckt voller Möglichkeiten

wie unser Leben. Natürlich vergeht kein Tag
ohne Alkohol. Oh Alkohol, ich fühl mich wohl.
Mehdi sitzt da, endgültig betrunken. Du bist auch da, schon
eine Weile, und du hast Gründe, nicht mit mir zu reden.
Laute Nacht, die Musik ist laut. Ich bestelle einen Klaren
für meinen klaren Kopf. Ein Bier, bitte. Was immer
du von mir hältst, es ist mir wichtig zu sagen: auch du
hast dieses Gedicht geschrieben. Es war keine Kunst; es war
mit dem Rücken zum Fenster.

Harald Kruse

Anmeldung

Und dann gehst du da rein
Und dann bist du da drin
Und dann sagst du hier bin ich
Und hier will ich erstmal bleiben
Und — wie war doch die Miete? —
Hier ist das Geld für den ersten Tag
Und dann mustert sie dich
Und nimmt den Schlüssel vom Brett
Und sagt komm mit
Und dann gehst du mit
Und sie zeigt dir das Zimmer
Und du setzt dich auf deinen Arbeitsplatz
Mit dem Rücken zum Spiegel
Und dann bist du da drin
Und dann bleibst du da drin.
So einfach ist das.

Erika Ruckdäschel

Als ich in die Kantine ging
zum Zigarettenautomaten
standen alle Stühle auf den Tischen

ein großer Saal voller Holzstangen

ich tippe seit Monaten Preislisten
Zahlenkolonnen seh ich im Traum

ich erwache vor Schreck
Rubriken verwechselt zu haben

ich hätte so gern
diese Stühle heruntergehoben
und ein Lied gepfiffen

man würde mich für verrückt halten
mir keine Listen mehr
anvertrauen

Thomas Goretzko

Die Einladung

Bist du zum Essen eingeladen?
Ja.
Wird es darüberhinaus eine gute Unterhaltung geben?
Ja.
Ahnst du es, weil du die Gastgeber etwas kennst?
Ja.
Sind sie hauptsächlich antifaschistisch eingestellt?
Ja.
Wird auch über die Zukunft gesprochen werden?
Ja.
Sind auch gute Frauen da?
Ja.
Gibt es Unterschiede zwischen allen?
Ja.
Wird viel gelacht werden?
Das weiß ich nicht.
Bringst du etwas mit?
Ja.

Peter Salomon

18. Mai 1974

Jeder ist verdächtig
und das ist das gleiche
als ob es niemand wäre.
Ich ziehe mich warm an und
verbringe einen wunderschönen Nachmittag
in unseren Kaufhäusern (bloß bei Hertie empfängt mich
    eine neue, viel zu grelle Deckenbeleuchtung,
      der reinste Sonnenschein).
Am wohlsten fühle ich mich immer noch im KaDeWe;
dort entwende ich verschiedene bunte
                          Gegenstände
so, als pflückte ich einen Strauß Blumen,
lege sie aber nachher
(»als sei nichts gewesen«)
                 wieder
        zurück

Hannelies Taschau

Begrüßung eines Heimzöglings

Hier ist es schön. Hier ist es ruhig.
Hier ist viel Platz. Hier sind viele
Kameraden. Du wirst rasch Freunde finden.
Du mußt nur wollen. Vertrauen gegen
Vertrauen. Wir sind nur für dich da.
Wovon träumst du.
Leben deine Eltern noch.

Und jetzt der Test:
Möchtest du lieber der Freund
von Brigitte Bardot sein
von Gustav Heinemann
oder von Günter Netzer.

Na? Na? Kannst du nicht. Hast du nicht
gelernt dich.
Überleg jetzt. Haben sie dir da nichts
beigebracht.

Und jetzt der Test:
Welches Tier würdest du lieber
erschießen: ein Wildschwein eine
Hyäne oder ein Reh.

Na? Na? Kannst du nicht. Hast du nicht
gelernt dich.
Überleg jetzt. Haben sie dir da nichts
beigebracht.

Du hast nicht. Du willst nicht. Du
glaubst auch nicht, daß wir nur für
dich da sind.

Wilhelm König

lügenzeit

lügen
um hoffen zu können
aber bald
werden wir nur noch hoffen,
lügen zu können.

der vorrat der stillen im lande
wird einmal erschöpft sein,
dann werden wir selbst
zu den antworten greifen müssen.

gefragt oder ungefragt:
es soll nichts in die winde gesprochen sein;
wer uns lauscht,
der soll uns hören.

jeder soll sehen,
hier wird gesungen für etwas
bis es nicht mehr
still ist im lande.

Gerd Kaul

Nachruf

ER WAR FRIEDLIEBEND
ER STAND AUF EINER SEITE
ER NAHM SEIN AMT WAHR
ER STAND MIT BEIDEN BEINEN IM LEBEN
ER SETZTE SICH INS RECHT

ER STAND MIT BEIDEN BEINEN IM LEBEN
im Leben anderer

ER STAND AUF EINER SEITE
er war einseitig

ER NAHM SEIN AMT WAHR
mit einem Auge

ER SETZTE SICH INS RECHT
mitten hinein

ER WAR FRIEDLIEBEND
er nahm sogar den Krieg in Schutz

ER WAR FRIEDLIEBEND
ER STAND AUF EINER SEITE
ER NAHM SEIN AMT WAHR
ER STAND MIT BEIDEN BEINEN IM LEBEN
ER SETZTE SICH INS RECHT

MAN BAT IHN UM RÜCKTRITT

ER TRAT ZURÜCK
vors Schienbein

Hans Manz

Überlegungen

Als der Attentäter
noch kein Attentäter war,
nahmen sogar die Hellhörigen
seine Stimme nicht wahr,
beachteten ihn
auch die Scharfsichtigen nicht,
spürten selbst die Feinfühligen
seine Gegenwart nicht.
Als der Attentäter
ein Attentäter geworden war,
hörten sogar Schwerhörige
die Schüsse,
sahen auch Kurzsichtige
fließendes Blut,
bemerkten selbst Unempfindliche
seine Anschläge.

Jemand sagte:
›Eine Maschine
hat den Geist aufgegeben,
ein Apparat
hat das Zeitliche gesegnet,
ein Automat
hat sein Leben ausgehaucht.
Ein Mann ist krepiert,
ein Kind ist hin,
eine Frau hat sich verbraucht.‹
War dieser jemand nicht eine verwesende Niete?

In der Tagesschau gesehen:
In Honduras sind mehrere
tausend Menschen
in einem Wirbelsturm
umgekommen.
Das ist schrecklich.

Yaak Karsunke

schreibtischgedicht

ein zweidrittel brikett, eine halbe
nußschale — brennstoff
liegt lange im rinnstein (bei vier
grad celsius, heiter)
so schlecht geht es uns nicht
ich bade täglich, zweimal
wöchentlich sitz ich sogar
mit gewaschenen haaren am schreibtisch
(wie heute) nur selten
zählen Ingrid & ich
beim frühstück die länder
die noch bleiben für emigration
(seit vier jahrzehnten
ständig schrumpfende auswahl)
›viel schwindel & trotzdem
gabs augenblicke die waren
fröhlich & selbstbewußt‹ schreibt
mir ein freund (35) nach dem
ersten streik seines lebens
im februar '74

(für Wolfgang Jüngling)

Fritz Deppert

Fuß zwischen die Tür

Wir Schreibtätigen,
was haben wir zu bieten
zwischen einer Hungerkatastrophe
und einem Boxkampf um die Weltmeisterschaft,
eine Theorie,
wogegen man sein müßte,
vielleicht auch eine,
wofür.
Wäre es nicht nützlicher,
zwischen Karthago, Auschwitz
und angekauften Grundstücken
für zukünftige Greueltaten
Sätze zu schreiben,
die zu Erinnerungen taugen
und zum Aufrechnen,
Löwenzahnblüte gegen ein Stück Stacheldraht?
Wir schreiben
auf Abstellgleisen
im Verschnaufen
ehs weitergeht
ohne uns über uns weg
und,
ja, die Hoffnung habe ich,
manchmal einen Satz als Fuß zwischen die Tür.

Peter O. Chotjewitz

Mutter aus alter Zeit

Auf, auf ihr Lurche, tanzt ihr Versager,
zu einem Schlager, der sehr berühmt war.
Als eure Mutter aus Großmutters Furche,
dem Himmel sei Lob,
sich schreiend erhob, mit klebrigem Haar.

Dem Himmel sei Lob, sich schreiend erhob,
als eure Mutter aus Großmutters Furche,
auf, auf ihr Lurche.
Tanzt ihr Versager, zu einem Schlager,
der sehr berühmt war, mit klebrigem Haar.

Auf, auf, ihr Lurche, dem Himmel sei Lob,
als eure Mutter aus Großmutters Furche
sich schreiend erhob.
Tanzt Ihr Versager, mit klebrigem Haar,
zu einem Schlager, der sehr berühmt war.

Der sehr berühmt war, zu einem Schlager,
dem Himmel sei Lob, tanzt ihr Versager.
Als eure Mutter aus Großmutters Furche
sich schreiend erhob,
auf, auf, ihr Lurche, mit klebrigem Haar.

Mit klebrigem Haar, sich schreiend erhob.
Als eure Mutter aus Großmutters Furche,
dem Himmel sei Lob, der sehr berühmt war.
Zu einem Schlager, tanzt ihr Versager,
auf, auf, ihr Lurche!

Erich Fried

Nach einer alten Anekdote

»Wie hast du
allein
sechzig gefangengenommen?«

Da lachte er:
»Ganz einfach
Ich hab sie umzingelt«

So will auch ich
die sechzig
Lügen umzingeln

und die sechshundertsechsundsechzig
Gemeinheiten
die uns beherrschen

Wie
das weiß ich noch nicht
aber es wird am Ende

ganz einfach sein
weil es sonst gar nicht geht
und ich werde dann lachen

Hans Magnus Enzensberger

Poetry Festival

Statt zu murmeln
statt stillzusitzen
statt diesen Veitstanz aufzuführen auf dem Podium
statt höflich einzuschlafen
könnten wir uns natürlich auch eine alte Singer-Nähmaschine kaufen

Wieso denn? Wozu? Was soll das?

Aber ja! Das könnten wir! Das ist unser gutes Recht!
Oder wir könnten eine Demonstration machen und die Polizisten ver-
          prügeln und uns von den Polizisten verprügeln lassen
denn das ist unser gutes Recht!
Oder wie wäre es, wenn wir unsere Kleider zum Fenster hinauswürfen
und legten uns alle miteinander in ein riesiges weiches Bett?
Und was dann?

                    Wer weiß!
                              Na eben!
                                        Das sage ich doch!

Oder wir könnten uns bei der Philips Vereenigte Gloelampen-
          fabrieken Maatschappij täglich acht Stunden ans Band
          stellen bei acht Gulden vierzig brutto im Gruppenakkord
          bis zur Wirbelsäulenverkrümmung und bei sechs Tagen
          Lohnfortzahlung im Krankheitsfalle
          denn das ist unser gutes Recht! unser verdammt nochmal
          gutes Recht!
          Oder wir sperren uns einfach wochenlang ins Klo und
          bilden uns ein
          wir seien Buddha der Erleuchtete oder Batman oder Prin-
          zessin Beatrix

Aber nein! Aber woher denn!

Da ziehen wir es bei weitem vor
zu murmeln oder zu brüllen
stillzusitzen
oder diesen schüchternen Veitstanz auf dem Podium aufzuführen
oder das Maul zu halten
oder behende von Zeile zu Zeile zu klettern wie die Rhesusäffchen im Zoo

oder geduldig einzuschlafen
Aber warum denn um Gotteswillen?
Warum kaufen wir uns nicht lieber, Mann für Mann
eine dieser uralten Singer-Nähmaschinen
und legen uns nicht alle miteinander ins Bett
und stellen uns um gar keinen Preis ans Band
und sperren uns keineswegs ins Klo ein
und machen nicht die allergeringste klitzekleine Demonstration?

Das kommt daher, daß wir die Kunst lieben. Jawohl.
Weil das unser gutes Recht ist! unser verbrieftes Recht!
Unser verdammt nochmal unveräußerliches Menschenrecht!

Darum, damit ihr es wißt, stehen wir hier
oder sitzen und brüllen
oder murmeln und schlafen ein
oder klettern behende von Zweig zu Zweig

bis es kracht.

(Hommage à Paul van Ostaijen)

Josef Reding

krippenrede für die 70er jahre

also werd nicht so
wie dieser da
in unklaren familien
verhältnissen
unterwegs geboren
na ja dafür kann
er nichts
ist keine schande
doch auch nichts
rühmliches
aber dann
als er dreißig war
hatte er
keine ausbildung
kein auskommen
keine rücklagen
keine wohnung
kein reittier
oder fahrzeug
und auch für die ehe
war er offenbar
untauglich
was blieb ihm da
übrig als über
land zu ziehen
langhaarig
schmuddelig
barfüßig
eine klicke
von fans bei sich
die ihre familien
und berufe im stich

gelassen hatten
und dann wiegelte
er das volk auf
mit doppeldeutigen
reden und
gefährlichen geschichten
in denen die staatslenker
und die geistlichen
die heerführer
und überhaupt alle
die was hatten
schlecht wegkamen
drei jahre hat
man den
edelgammler
aus dem
zufallsgeburtsort
bethlehem so
gewähren lassen bis
er überschnappte
und handgreiflich
wurde gegen die
börsianer und
devisenwechsler
die seit jeher
ihren angestammten
platz im tempel
hatten da war
zapfenstreich
sense
ex
hinterlassen hat er
ein paar handbreiten
verschwitztes leinen
da war er
dreiunddreißig
im gleichen alter

wie vater der damals
schon die prokura in
henschels drahtzieherei
kriegte jetzt weißt
du bescheid und mir
soll keiner nachsagen
daß ich mich nicht
traue die wahrheit
zu sagen
auch
über diesen da.

Christiane und Fredrik

Muckstadtlied

Herr Krötzkopp wollte baun,
doch nur für sich allein,
damit sein Reichtum größer wird,
da fiel er aber rein.

Die Großgarage war
geplant für sehr viel Geld.
Der Kinderspielplatz sollte weg,
denn Geld regiert die Welt,
denn Geld regiert die Welt.

Das ist doch unerhört,
ganz Muckstadt war empört.
Man hatte Wut und schimpfte laut.
Die Kinder hams gehört,
die Kinder hams gehört.

Die Kinder waren schlau.
Sie standen sehr früh auf
und setzten auf den Spielplatz schnell
sich eins ans andre drauf,
sich eins ans andre drauf.

Die Bauleut kamen an
beim ersten Sonnenschein.
Sie sahn nur Kinder, keinen Platz,
da fuhrn sie wieder heim,
da fuhrn sie wieder heim.

ES

Kurt Leonhard

Manifest

weder durch Bericht noch durch Verschweigen
weder durch Eindruck noch durch Ausdruck
weder durch Entsprechungen noch durch Abweichungen
weder durch den Anschein der Gesetzmäßigkeit noch durch
        den Anschein der Beliebigkeit
weder durch die Methoden des Sinns noch durch
        die Methoden des Unsinns
weder durch die Wirklichkeit des Alltags noch durch
        die Wirklichkeit des Traumes

sondern durch

die Kräfte und Spannungen die eine Gruppe von Worten
        bewegen und ordnen indem sie Ort und Stunde
        Bild und Silbe dich mich uns verwandeln

IST

die Wirklichkeit des Gedichts

GLEICH

der Möglichkeit des Menschen

Eugen Gomringer

vieles ist sichtbar
der verfügbare baum
das verfügbare kind

vieles ist verfügbar
der sichtbare baum
das sichtbare kind

vieles ist unsichtbar
der verfügbare baum
das verfügbare kind

vieles ist nicht verfügbar
der sichtbare baum
das sichtbare kind

vieles ist sichtbar
der nicht verfügbare baum
das nicht verfügbare kind

vieles ist verfügbar
der unsichtbare baum
das unsichtbare kind

vieles ist unsichtbar
der nicht verfügbare baum
das nicht verfügbare kind

vieles ist nicht verfügbar
der unsichtbare baum
das unsichtbare kind

Claus Bremer

```
mir die zeit vertreiben dasein eine weile nicht dasein
mir die zeit vertreibem dasein nicht dasein eine weile
mir die zeit vertreibmi eine weile dasein nicht dasein
mir die zeit vertreimic eine weile nicht dasein dasein
mir die zeit vertremich nicht dasein dasein eine weile
mir die zeit vertrmich  nicht dasein eine weile dasein
dasein mir die zeit vertmich f eine weile nicht dasein
dasein mir die zeit vermich fu nicht dasein eine weile
eine weile mir die zeit vemich fue dasein nicht dasein
eine weile mir die zeit vmich fuer nicht dasein dasein
nicht dasein mir die zeit mich fuer  dasein eine weile
nicht dasein mir die zeitmich fuer u eine weile dasein
dasein eine weile mir die zeimich fuer un nicht dasein
dasein nicht dasein mir die zemich fuer uns eine weile
eine weile dasein mir die zmich fuer uns  nicht dasein
eine weile nicht dasein mir die mich fuer uns e dasein
nicht dasein dasein mir diemich fuer uns ei eine weile
nicht dasein eine weile mir dimich fuer uns ein dasein
dasein eine weile nicht dasein mir dmich fuer uns eins
dasein nicht dasein eine weile mir mich fuer uns einse
eine weile dasein nicht dasein mirmich fuer uns einset
eine weile nicht dasein dasein mimich fuer uns einsetz
nicht dasein dasein eine weile mmich fuer uns einsetze
nicht dasein eine weile dasein mich fuer uns einsetzen
```

Franz Mon

lachst du
lachst du noch
lachst du da noch
da lachst du auch noch

lachst du da auch noch
lachst du auch da noch
lachst auch du da noch
lachst auch da du noch

noch lachst du da
da lachst du noch
du lachst da noch
lachst du da noch

da lachst du
lachst da du
du lachst da
lachst du da

Reinhard Döhl

wahrscheinliche rede

man hatte mit hand anzulegen
man hatte zuzusehen
man hatte zu gehorchen
man hatte zu schweigen

man hatte wirklich nichts damit zu tun

man konnte nichts dagegen machen
man war befehlsempfänger
man hatte frau und kind
man mußte rücksicht nehmen

man hätte kopf und kragen riskiert
man wäre in teufels küche gekommen
man hätte dem tod ins auge gesehen
man wäre über die klinge gesprungen

mögliche rede

man hätte etwas dagegen tun können
man hätte den befehl verweigern können
man hätte auf frau und kind pfeifen können
man hätte alle rücksichten fallen lassen können

man hätte nicht mit hand anlegen dürfen
man hätte nicht zusehen dürfen
man hätte nicht schweigen dürfen
man hätte nicht gehorchen dürfen

man hätte nichts damit zu tun haben müssen

man wäre in teufels küche gekommen
man hätte kopf und kragen riskiert
man hätte dem tod ins auge gesehen
man wäre über die klinge gesprungen

üble nachrede

man war in teufels küche
man hat um kopf und kragen gebracht
man hat dem tod ins auge gesehen
man hat über die klinge springen lassen

man hat mit hand angelegt
man hat zugesehen
man hat geschwiegen
man hat gehorcht

man hat nichts dagegen getan
man war gehaltsempfänger
man hat nicht an frauen und kinder gedacht
man hat keine rücksicht genommen

man hat mitgemacht

Gerhard Rühm

variation eines bekannten themas

von zehn fiel eines weg
von neun blieben nur noch acht
von acht nur noch sieben
von sieben nur noch sechs
von sechs nur noch fünf
von fünf nur noch vier
von den vieren, ja du errätst es, nur noch drei
und auch die dezimierten sich noch
da wurden aus den restlichen zweien plötzlich
beide
und jedes von den beiden hatte angst
schließlich allein zu sein
denn es schien unvermeidlich
aber auch das würde sicher nicht lange währen

Friederike Mayröcker

Gesponnener Zucker

Braut und Bräutigam mit dem Eiffelturm nach Chagall
auf der Bank auf der Vogelbank auf der Federbank
mit dem maszlosen vierbeinigen Eiffelturm
Weichteile aus Stahl
und die Rollfähre in die stimmungsvollen Lüfte
jenseits der Seine
wir wissen schon wo
denn der Frühling kann aus den Büschen kommen
mit den Baszgeigen mit den Luren mit den Lieblingsglöcknern
an gewöhnlichen Häusern läuten wie an einer Sturmglocke

durch die Dachglasblase Glasblase mit dem Stachel
der einmal ein Wetterhahn war
der Wetterhahn ist zur Wetterhenne geflogen
und der schwarze Bräutigam fragt die weisze Braut:
willst du das Hühnerei des Wetterhahns ausbrüten
das Entenei mit dem Reiherschnabel mit dem Wollhut und Lappenbart
das uns so hübsch befördert

so weisz vom Brautschleier bis zu den Fuszsohlen
in der einen Hand einen Strausz Salbei wie einen Fächer aufgebunden
den Fächer Salbei mit der Hand auf den Schenkel gedrückt
die andere Hand ist verkürzt und unter der Mitte
dorthin legt der Bräutigam seine Hand
was für liebe Ohren du hast sagt der Bräutigam

und alle Musik aus den Käferbäumen
den Singvögelchen-Kehlen
den Brautfeldern und den Kirchenstämmen
die sich im Westwind biegen
wird zu einer Flüssigkeit
und mit einem groszen Trichter
gieszen sie diese Flüssigkeit
in den Kopf der weiszen Braut
jetzt bin ich nur in meinem Kopf sagt sie
denn ich kann alle Musik in meinem Kopf rinnen hören
auch die gelben Blumen von der Wiese
und die Pappelkätzchen

dann stelzen sie vorüber
drei Wippvögel oder Schwiegerschwestern
stark parfümiert und auf Wurmsuche
auch mit der Anfertigung von kritischen Aufsätzen beschäftigt
über die letzte Harfenmusik im Schlehdorn
sie haben braune Augen und erschlaffte Gesichtsmuskel
aber von einigen Wangenfedern verdeckt
und grosze Zähne
und herrliche Beine
und sie lachen drollig
und über die Kieselwege davon

Elfriede Jelinek

mourez parmi la voix terrible de l' Amour! (verlaine)

schrecklich laut ist laut
ist dröhnend und vibriert
glöckern in meinen tontöpfen
      in meinem tontöpfernen
      käseleib
du
du
du in mir
in meinem leib dem
bemalten tontopf dem
mit vielerlei art von
getier bemalten
topf
er faßt auch morgenröte
er faßt aber auch
dein laut
dein lautes
dein laut geben
· ·

es ist so daß ich
erzen erzittre
von deinem glockenschwengel
      daß die
ziegen erzen die auf
dem topf in bemalung
      erzen
      erstummen
· ·

es ist so daß die
luft blutend erschrocken
die luft erschrocken wegspritzt

vor meiner tönernen
stimme
vor meiner tönernen
tonstimme
vor meinem lauten klang
schrecklich laut
und schrecklich laut
schäumt mein tontöpferner
glockenlaib
erzählt sich mühevoll
biegend erzählt sich
das märchen von der
frau fischer und deren
mann
. .
er kennt auch andre aber
nur einmal des tags wenn
es nacht ist
              ist laut
              ist dröhnend

(ich mach eine tüte aus den fingern
sabbere laut morgenröte umher ist l
aut ist tönern tontöpfisch ich blas
dich fort vor mir her ich drück mei
ne stimme heraus wir marschieren . .
eins zwei eins zwei eins zwei eins)

Eckart van der Linde

Die Hummelkartenfahrt

mit der U-Bahn, Linie U1

Abfahrt 13.07 Fuhlsbüttel
Ankunft 13.21 Garstedt

Weiterfahrt mit dem Triebwagen
der Alsternordbahn

Abfahrt 13.27 Garstedt
Ankunft 13.46 Ulzburg Süd

Umsteigen in den Triebwagen
der Bahn
Altona-Kaltenkirchen-Neumünster

Abfahrt 13.47 Ulzburg Süd
Ankunft 13.56 Kaltenkirchen

Mit demselben Wagen zurück

Abfahrt 14.09 Kaltenkirchen
Ankunft 15.01 Eidelstedt

Weiterfahrt mit der S-Bahn,
Linie S2

Abfahrt 15.08 Eidelstedt
Ankunft 15.52 Aumühle

Zurück bis Hauptbahnhof

Abfahrt 17.35 Aumühle
Ankunft 18.04 Hauptbahnhof

Weiterfahrt mit dem
Nahverkehrszug, Linie S4

Abfahrt 18.25 Hauptbahnhof
Ankunft 18.49 Ahrensburg

Heimfahrt mit der U-Bahn, Linie U1

Abfahrt 21.07 Großhansdorf
Ankunft 22.17 Fuhlsbüttel

Jochen Gerz

das Wetter	+ 3
die Linke	— 1
Francis	+ 1
der Milchkaffee	+ 1
die Zeitung	— 2
Primula veris	+ 1
das Geld	+ 1
das weiße Papier	— 3
der Kindergarten	+ 2
den Botanischen Garten überqueren	— 1
die Medien	— 5
der gute Geschmack	— 3
der Hals	+ 1
die Post	— 1

28. November 1971

Chris Bezzel

eif

in der eif ist es entsetzlich heiß.
die eif ist die hölle.
die eif ist zittrig, wer sie hat, den hat sie.
die eif ist etwas giftig-grünes.
die eif ist ein spiel für 2 oder mehr personen.
in der eif leben die menschen von mord und totschlag.
die eif ist ein sogenanntes feeling im ganzen körper unter
besonderer berücksichtigung der seele.
die eif ist gewissermaßen die seele, der ort, der kampf-
platz, das punctum salzsäure der angst im kapitalismus.
die eif ist unersättlich erfinderisch.
die eif ist ein moloch.
die eif ist ein schwarzes loch, eine art umkehrung der sinneslust.
die eif macht ungeil.
die eif fickt schlecht.
die eif ist die falsche möglichkeit.
die eif ist eine sogenannte klimax.
max besser.
marx besser.
die eif ist mir ein rätsel.
die eif ist das ungelöste rätsel dieser epoche.
die eif kennt kein warum; sie blühet wie ein weisheits-
zahn.
die eif ist ohne zweifel eines der ernstesten probleme un-
serer zeit.
die eif ist ein frühaufsteher.
die eif kommt sich zeitlos vor.
die eif ist ein aktuelles vortragsthema.
die eif ist der zweifel selbst.
die eif weiß nicht, daß sie widerspiegelt.
die eif ist ein sinnlich-übersinnliches abbild.
die eif ist der gott unter den freiern.

erfahrene könner funktionieren die eif in zerfleischende
fleischeslust um.

die eif funktioniert immer.

in der eif hilft auch die selbstironie nicht weiter.

besonders witzig sind die, die behaupten, sie kennten die
eif nicht.

schokolade und eif macht wangen steif.

die eif drückt kein auge zu.

die eif ist ein glühendes messer in meiner schönen brust.

die eif ist eine metapher.

professor holzkamp hat entdeckt, daß die eif schon in den
ersten lebensjahren des menschen zusammen mit den tausch-
wertcharakteristika, wie er es nennt, eingeübt wird (s. 210 ff.).

trotzdem irren alle, die meinen, die eif sei nichts anderes
als schmutzige besitzliebe.

ahnst du was?

die eif ist die falsche form, dich anzueignen.

die eif kann nie universell werden.

wen die eifersucht HAT, für den ist das leben ein ver-
trackter text, den er immer wieder lesen muß, um davon
LOSzukommen.

Andreas Okopenko

Grüne Melodie

Ich grüne in der Wiese des Jungdorfes
Mein Hof ist gelb von Mädchen Getreiden
Mein Mädchen ist gelb von Hof Getreiden
Ich grüne im Getreide des Jungdorfes

Die Sonne geht den Weg zur Marktstadt
Mein Mädchen geht den Weg zur Marktstadt
Mein grünes Getreidemädchen mein grünes Wiesenmädchen
Mein grünes Jungdorfmädchen geht den Weg zur Marktstadt

Die Marktplätze sind mit Kürbissen
Die Kürbisse sind weißer Staub der Marktplätze
Der weiße Staub der mittäglichen Marktplätze
Der weiße Staub der Weg zum Haus zum Mädchen zum Garten

Ich grüne den Nachmittag im Mädchengarten
Ich grüne nun schon im Mädchengarten
Ein kühles Zimmer ein blaukariertes Tuch
Ein Mittagskrug ein blaues Glas ein Wasser

Eine jüngere Schwester die eifrig das Grün der Kinder spielt
Eine jüngere Schwester die fortgeht und uns allein läßt
Das Kinderspiel das Wasser plätschert blau
Mein Mädchen im abgesetzten kühlen Zimmer

Ich bin das kühle Zimmer ich bin im kühlen Zimmer
Ich bin wo das Mädchen ist schließlich ich bin bei dem Mädchen
Das Mädchen und das Wasser ich trinke das Wasser
Der Krug ist das Zimmer er faßt uns beide

Eine Ameise kriecht über die lateinische Grammatik
Ein Blatt ist zum Fenster hereingekommen
Ein Tropfen Wasser ist über meinen Mund gelaufen
Eine langsame kleine Uhr macht den Nachmittag aus Aluminium

Ich glänze silbern in der Sonne wie Aluminium
Ich habe meine Uhr im Blumentopf in Erde eingegraben
Mein Mädchen ist nicht der Käfer der über das Holz läuft
Mein Mädchen liegt im Sommerkleid auf dem Fensterbrett

Auf dem Fensterbrett auf dem leichten Sessel dem lichten Kasten
Dem Schatten dem Erinnern an die Sonne dem Nachmittag dem Garten
Ich begreife den Kleinen gut, der Karten spielen geht
Ich begreife die Kleine die in grüne Blätter ihre Finger hält

Ich weiß daß Pythagoras wichtig ist und Aristides und Caesar
Ich rebelle auf gegen die eingebundene Schule
Das schwarze Brett die Verordnung den Schularzt daß die Kreide
                                                    trocken ist
Daß das Tafeltuch feucht ist daß das Butterbrotpapier braun ist

Ich vergnüge die Ferien der Kinder der Kleinen der Käfer
Das Wasser den blauen Spiegel den Sonnenbrand die Eisenbahn
Den Hofhund den gelben, die kleine Brut die Fellbälle
Die rote Masche der Katze, die Maus mit dem Speck in der Falle

Ich bin die Ferien ich bin das Grün
Ich grüne auf der Wiese im Getreide
Ich blaue im Zimmer des Mädchens
Im Nachmittag, ich blaue im Mädchen.

H. C. Artmann

unter einer araucaria kircheriana haben samson
mit dem löwenhaar und dalilah die sehr violette
ihre fast im mörtelozean ertrunkene liebe restauriert
hellauf knistern die gräser der wildnisse rundum
und lerchen tragen glockenblumen in ihren schnäbeln
um sich aus diesem anlaß mit emblemen zu zeigen
selbst david mit dem stern und goliath erzbeschuppt
bringen heute ausgewogen versöhnliche geschenke
wie keulen aus gummi schleudern aus papierschlangen
hirschlederne amulette und pistolen aus asbest
(mein lieber freund da heißt es aufpassen
wenn die einmal losgehen aber sie tuns nicht —
sind aus asbest die dinger . .)
der rabbi von rzeszów und donald duck a sophisticated jew
haben ihre langvergrabenen böllerrifles geschultert
und schießen im vorbeireiten ein salut blauer rauchringe
ritmeester partagas willem de tweede zwischen ös 10—18 per stück
nach den mattrosa geladenen peynetkuppeln der morgenluft
ein bis zwei hosiannah für das feuerland der freien republik chile
das diesen großen mittwoch auf einem vorreservierten plätzchen
in den annalen für subtilere ereignisse verzeichnen wird

unter einer araucaria kircheriana liegen mooszerstörend
der samson und die dalilah in einer marathoncopulation
wie hühnchen und hähnchen am nußberg liegen sie da die zwei
nur mit dem unterschied daß dalilah die sehr violette
schließlich doch nicht ersticken wird an dem geschluckten:
toma oh gentle reader aus read im innkreis zerbeiß deine furcht
denn unsere zeit ist humaner geworden nach einer ära der fabeln

Ernst Jandl

der 30. november

immer schaut man manchmal zum himmel; wieso ›immer‹?
jetzt ist mein vater schon sieben monate tot
und in einem monat stimmt dieser satz bereits nicht mehr;
aber in sieben jahren, falls ich lebe,
war mein vater *erst* sieben monate tot,
als ich das hier schrieb.
immer schaut man manchmal zum himmel, und ›immer‹
ist ein zu ›himmel‹ passendes wort, denn himmel
ist immer; daran ändern auch wolken nichts, oder:
auch die wolken sind himmel.
ich würde mich gern in gottes hand
wissen, nämlich fühlen oder denken; aber ich kenne
keinen mit dieser hand, oder kann ihn nicht erkennen.
aber die linke hand meines vaters
bewegte sich zuletzt auf der decke,
ein reiben zwischen daumen und zeigefinger,
als ob sie einander noch erkennten.
ich bewege mich schon lange nicht mehr von der stelle
und lebe ganz ohne erlebnisse.
die dinge, die ich fortließ aus meinem leben,
die ich nicht einließ,
wären jetzt meine erlebnisse.
in einem von ihnen würde ich vielleicht
meinen vater wiedererkennen, und das wäre ein erlebnis;
meines, nicht seines. für ihn
würde sich garnichts ändern. aber vorher
hätte es für ihn etwas geändert, ganz gewiß.
der punkt, an dem jede änderung
hätte *vorher* geschehen müssen, ist ein schrecklicher ort,
sobald man ihn, noch denkend und fühlend,
erreicht zu haben fürchtet. und doch
ist der himmel jetzt dunkler als zu beginn dieses schreibens
und die furcht zu gering, um jede tätigkeit zu töten.

Hadayatullah Hübsch

lieber arm und reich
als gesund und krank

ich sehe was das ich
nicht sehe die zeit
in der ich lebe ist
meine zeit nicht die
enten im park vielleicht
auch sanfte wellen musik
die ich bin aus meinen
augen der schwarze
schleier sinkt in den
schlamm ein weißes
feuer wacht auf im
kampf sehe ich mich
wie ich mir selbst
der beste feind
sein möchte

Christa Reinig

Endlich

Endlich entschloß sich Niemand
und Niemand klopfte
und Niemand sprang auf
und Niemand öffnete
und da stand Niemand
und Niemand trat ein
und Niemand sprach: Willkomm
und Niemand antwortete: Endlich.

Ferdinand Kriwet

Apollo Amerika

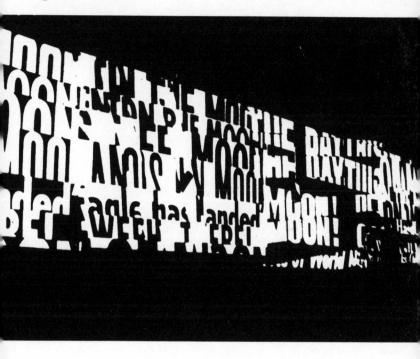

ICH

Johannes Poethen

Ich bin nur in Wörtern
ich habe kein anderes alibi
so entwerfe ich mir den atemraum

wer spräche mich frei
wer erlöste mich aus dieser annahme

ich wasche buchstaben
ich kratze silben rein
ich tauche sätze unter

ich nehme sätze an
mich nehmen sätze an

ich entwerfe atemraum
ich bin in wörtern.

Ralf Thenior

Dichter

Rasche Spiegelung im Schaufenster,
irgendwo zwischen Henry Vahls „Zitronenjette"
und der großen Transvestitenschau,
frische Träume in der Plastiktasche.
Möwen im Nebel
über der Mönckebergstraße,
hochgeschlagene Kragen
hasten über Bürgersteige;
auf dem Lotterielos das Übliche:
Kein Gewinn. Wir danken Ihnen.
In der U-Bahn:
Kontrolleure.
Die müssen weg,
sagt eine Frau.
Wie sich unsere Augen trafen!

Der Abend kommt.
Ich schreibe dies.

Hermann Kesten

Ich bin Diderot, Denis Diderot

Ich bin tot und jeder kann auf mich pissen.
Ich habe Meisterwerke geschrieben und nicht drucken lassen.
Ungern wäre ich in Kerkern verkommen.
Ich habe eine Frau, Kinder und mehrere Geliebte gehabt.
Mit Freunden hatte ich Glück, nur dauerte es nie.
Rousseau klagte mich an, in seinen Confessions,
Auf die ich schlecht erwidern konnte, weil er schon tot war,
Als das Buch publik wurde.
Jean Jacques, sagte ich, was mir einfällt,
Kannst du publizieren.
Er tat es, wurde berühmt und klagte mich an,
Undankbar wie mein deutscher Freund Grimm,
Der die Menschheit und mich verriet,
Oder diese Katharina, für die ich bis St. Petersburg gereist bin.
Unterwegs fiel mein Wagen um. Katharina schob einen Tisch
    zwischen uns,
Weil ich im Feuer des Gesprächs handgreiflich wurde.
Auch wenn ich sie anrührte, rührte ich sie nicht.
Ich schrieb für sie auf, wie sie ihre Schulen, ihre Länder, ihr Volk
Und sich selber reformieren könnte,
Ich wählte ein ganzes Museum für sie.
Leere Liebesmühen wie für jene Encyclopédie,
Die mich dreißig Jahre gekostet hat
Oder vierzig Jahre.
Der zerbrochene Spiegel einer zerbrochenen Welt.
Ich bin Diderot, Denis Diderot . . .
Ein Pech, daß ich tot bin!

Karl Schwedhelm

Rimbaud in Luxor

(1879)

Damals erfüllte ihn schon der Haß auf Geschriebenes,
außer wenn es Rechnungen für seine Kunden waren.
Seine Verse von einst
hatten die Welt nicht explodieren lassen,
sie besaßen weniger Durchschlagskraft als
die Kugel Verlaines in Brüssel.

Aus dem verhaßten Provinznest voller Krämer
hatte sich der Knabe hinübergeträumt in das
uranfängliche Vaterland: den Orient,
wie ihn die Stahlstiche von »L'Univers Illustré« ausgemalt,
romantischer und manierlicher als je er gewesen.
Die Fliegen in den eiternden Augenwinkeln,
Staub, Gestank, Lärm, Sklaverei
hatten jene braven Bilder verschwiegen,
und auch die tödliche Sonne.
»Soleil et Chair« — einst ein Schrei nach Freiheit,
doch die Wirklichkeit war nackter:
Schinderei in den Brutöfen
kleiner Hafenstädte am Roten Meer,
schleichende Krankheiten, die den Leib gerbten.
Damals hatte er Farben gehört, Klänge gesehn:
seine Poesie hatte die Physik entthront,
nun ergriff bleierne Körperlichkeit
wieder Besitz von ihm, zu später Rache.
Alles war Flucht gewesen. Bedrängnis — der Wanderzirkus in
                                                                  Schonen,
Londons Nebelsonne, die fiebrigen Lesestunden unter der
                                                                  Kuppel
des British Museum — Mailand — Stuttgart — Marseille:
ein Heerzug von Schatten.

Hier nun war Welt:
LUXOR,
die Bündel der Tempelsäulen am Nil.
Vor dem Schlaf der Jahrtausende verlor sich
quälende Gegenwart, dieses 1879,
flüchtige Zahl nur im sonnenvergilbten Kalender.
(Geburtsjahr Einsteins, Stalins und Paul Klees,
von denen nur einer die Welt zu sich selber erlöste.)
Er, der Handelsagent, längst dem trunkenen Schiffe entstiegen,
grub seinen Namen in einen Architrav im Westen des Tempels,
der Todesseite,
neben Hathor, Anubis und Seth die Hieroglyphe

RIMBAUD —

Helmut Mader

Darstellung eines Satzes von Kafka

*Die feste Abgegrenztheit der menschlichen Körper
ist schauerlich.*

Weil ich verurteilt bin
zu alleinigem Tod
in der Nähe deiner Schultern, fremd
wie die Zärtlichkeit eines Sohnes,
weil ich verurteilt bin in den Adern und Lungen,
in dem Körper, der keine Erlösung kennt,
noch ihrer womöglich bedarf,

und geboren bin zu vergessen,
ein Wurf von Leid nur für heute,
um deine Hüften die Fäulnis,
wahllos um mein Hirn,
nur Körper, schmerzhaft der Regen auf der Haut,
der Atem fremd und sich niederschlagend bei Kälte.

Wolf Wondratschek

Als Alfred Jarry merkte, daß seine Mutter
eine Jungfrau war, bestieg er sein Fahrrad

Mitunter Polen und was mir gefällt
erbaut aus Pappmaché an einem Merdredi
den Spinnenhimmel einszweidrei
ein Tandem im Delirium
ein Sporttrikot den Mittelscheitel

tja! sagt die Welt und geht zu Fuß zu Grunde
was mir gefällt, gefällt mir ohne Welt
und irgendwo im Spaß
reift eine dicke Birne Ewigkeit

Arno Reinfrank

Das weißumrissene Quadrat

Noch bleiben auf der Elemententafel
Quadrate weiß für neue Formeln,
in die hinein die Poesie der Fakten
Gott als Metapher für das Unerforschte stellt.

Da steht Er flüchtig ohne Dimensionen,
den größten der Brahmanen sichtbar
nicht länger als ein Elektronenblitz
und mathematisch nicht zu fassen.

Das Unsagbare kann auch der Poet
nicht sagen, aber sagen kann er wohl,
daß es unsagbar ist in dem Quadrat,
das weiß die Wissenschaft Ihm offenhält.

Peter Härtling

Für Szondi

Sie sagen, ich spiele,
sie sagen nicht, womit und wie,
sie wissen nicht, ich bin schwer,
der Bestand an Trauer
nimmt zu,
und was ich mache, hält mich nicht mehr aus.

Ich rufe die Kinder,
gehe im Garten auf und ab
und verliere den Tag,
diesen Tag,
aus dem Gedächtnis.

Mit Szondi aß ich
am vierundzwanzigsten April
im Schweizerhof.
Jandl war dabei.
Ich weiß nicht
mehr, worüber
wir redeten.
Ich seh ihn,
die Schultern nach vorn
und fast schon
ohne Erinnerung.
Seine Stimme
kann ich
nicht hören.

Wie lange gelten die Spielregeln,
wenn einer sie kennt;
die Entfernung wächst
und die Unlust, den andern zu überreden.
Ich rufe nach den Kindern,
sie hören mich nicht,
sie spielen.

Reinhard Lettau

Erlebnis und Dichtung

Wer
kommt nach Hause mit einem Schweinekopf,
den er neben die Staffelei legt, vor die er sich stellt,
um ihn zu malen,
trägt ihn dann in die Küche, kocht und
ißt ihn später im Wohnzimmer, nachdem er
am Schreibtisch ein Gedicht über ihn gemacht hat, wer
erhebt sich mit dem Skelett und
malt es im gleichen Format?

Ein Kollege, mitten in seiner
klassischen Periode.

Aus dieser einfachen Überlegung: daß
alles gelingt, d. h.
alles fertig wird, d. h.
alles verwendbar ist,
entsteht Klassik.

Dies
ist ein klassisches Gedicht.

Rose Ausländer

Andere Zeichen

Ein Windstoß fährt
in die Papierfächer
reißt einen Vers heraus
fegt ihn mit der Kirchenasche
zum rostigen Blätterhügel

Das Gedicht
wird nicht stimmen
aber am Himmel stehn
andere Zeichen

Charlotte Christoff

Als letztes
verlor der Tag
mich
nach meinem Heft
nach meinem Bleistift
meinem Fingernagel
der kratzte
an den Wänden.

Entlaß die Vokale
wandaufwärts
den Mann im Bild
aus seinen Augen gestiegen
vor die Tür.

Es ist ja nur die Nacht
die nicht zurückkann
(nur ich bin es
der nicht
zurückkommt.)

Christoph Meckel

Wörtlich

Verzweiflung, und ich spreche von ihr
ohne Anstand und Vorsicht, wörtlich, zu jeder Uhrzeit
und bei gutem Wetter, zu jeder Bedingung.
In ihr graugeheultes, ausgeschwitztes, trocknes
Schwarzdrosselgesicht, in das nächste beste
in das übernächste, und auf den letzten Kopf zu.
In die menschenleere Menge sprech ich, ohnmächtig
und mit dem Verlangen zu lieben: dich, mich und alle.
Ich will umarmen! Zeugnis für alte
und neue Verdienste, für nichts Besondres.
Sie ohne Schlafrock und ohne Bündnis
mit einem sauberen Taschentuch, sie ohne Grab.
Sie ohne Schonzeit und Anwalt, sie ohne alles.
Verzweiflung, und ich hab keinen Psalm
ihn in die Tasche zu stecken, sonst fehlt mir nichts.

Verzweiflung, und ich begleite sie
in diesem Smoking, in dieser verbeulten Hose
und halte sie fest, und schnappe nach Luft
erbrechend zwischen zwei Sprachlosigkeiten.
Wir haben uns, nicht erst seit gestern
zuviel vorgenommen. Wir haben zum Beispiel
heut Abend nichts Besonderes vor. Wir stören
weder das Universum bei Sein oder Nichtsein
noch unsere besten Freunde beim Lunch.
Kalte Schwester, und ich bring sie nachhaus
und sie nickt mit dem Schwarzdrosselkopf, sonst fehlt mir nichts.

Verzweiflung, und ich nehm sie beim Wort
Komplizin zu tausenden, gehn wir mal hin
wo die gemeinsam gestohlenen Pferde grasen
auf unserer üppigen Weide, egal.

Wir treten von neuem ans Licht, erkennen uns wieder
bloß weil ein Mensch ein graugeheultes taubes
ausgeschwitztes Gesicht hat, bloß weil in diesem
einen Gesicht die Liebe fehlt, was weiß ich
von innen, von außen, von Grund auf, für immer
der bewährte Klebstoff zwischen Ja und Nein
die empfohlene Ökonomie des Leidens, der richtige
Hochmut gegenüber der Schöpfung
und dem nächsten Hungerleider, dem nächsten nackten
Selbstvertilger, Lazarus, Krötenschlucker.
Frierende Schwester, und ich bring sie nachhaus
und sie nickt mit dem Kopf, sonst fehlt mir nichts.

Schwarzdrossel, und ich spreche von ihr
in der Lyrik sowohl wie beim Rendezvous
bei jedem Grad unter Null, und in diesem Jahrhundert.
Durch den Maulkorb belle ich den Wolfslaut
Verzweiflung, Schwester in Würde und Lumpen
und sie nickt mit dem Kopf, sonst fehlt mir nichts.

Hans-Jürgen Heise

Geschichten

1

Sein asthmatisches Husten
war der einzige Luftzug
der unter der Lampe
den Tabakdunst verteilte

Großvater mein
Schaukelpferd aus dem ich
die Holzwolle immer neuer
Geschichten
zupfte

Ein zugefrorener Himmel
so
hing der See
verkehrtherum und

die Hufe hafteten
an den magnetischen Sternen

2

Das Roßwerk zerkleinerte
den Sommer zu Häcksel
(du erinnerst dich — in Drawehn?)
Ich soff Pumpenwasser fraß
Hafer

Und tat die Arbeit
des geschlachteten Gauls

Günter Grass

Was Vater sah

An einem Freitag wie heute,
zwischen den Spielen der Zwischenrunde —
Chile schon draußen, Polen liegt vorn —
kam nach Ultraschall und genauem Schnitt
durch Haut, Fettmantel, Muskelgewebe und Bauchfell,
nach zarter Öffnung der nun
griffig im klaffenden Leib nackten Gebärmutter,
ärschlings und zeigte ihr Semmelchen —
während entfernt Geschichte: die Privilegien
der Lübecker Stadtfischer, welche seit 1188
durch Barbarossa verbrieft sind,
auch von der DDR endlich anerkannt wurden —
endlich durch Zugriff Helene zur Welt.

Geboren — Halleluja — aus Steißlage willentlich.
Ach Mädchen, bald blühen die Wicken.
Hinterm Sandkasten wartet auf dich Holunder.
Noch gibt es Störche.
Und deine Mutter heilt wieder,
klafft nicht mehr,
ist bald wieder zu, wieder glatt.
Verzeih uns deine Geburt.
Wir zeugten — es war Oktober —
nachdem wir Brechbohnen grün, drauf Birnen gedünstet
zu fettem Hammel von Tellern gegessen hatten.

Ich übersah den Knoten in deiner Nabelschnur nicht.
Was, Helene, soll nie vergessen werden?

Dieter Leisegang

Vergangenheiten

Eben, beim Anziehen, zufällig aus dem Fenster blickend —
Seh' ich das Treppenhaus gegenüber erleuchtet, einen
jungen Mann, neunzehn, zwanzig vielleicht, auf den Stufen
sitzen vor einer Wohnungstür, so, als käme er nicht
hinein, jetzt, vier Uhr morgens, weil seine Mutter
die Klingel nicht hört. — Im selben Haus, Altbau, Speyerstraße,
wohnte vor fünfzig Jahren mein Vater zusammen mit
seiner Mutter (er zeigte mir's von hier oben einmal,
als er noch lebte). Auch ich hab' schon ähnlich
gesessen, heimkommend von Freunden, und jedenfalls er,
gesessen dort drüben, müde, den Kopf in die Hände gelegt,
in der Sicherheit von neunzehn, zwanzig, dem wirren Alter,
das man erträgt, weil der junge Körper klüger ist als aller
Verstand und richtig steuert dessen Sturm, die Qual
der Gedanken. Also gesessen in der Sicherheit von
Hunger und Neid, obdachlos, mit der Wut
hinauszuwollen aus dem einfachen Elend dieser Jahre,
die jetzt vergangen sind,
meinem Vater und mir, die uns vergangen sind vor
lauter Tod. Da öffne ich mein Fenster und sag's
in die Nacht hinaus:

Robert Berliner

Mutters Hände

Heute hab ich meiner Mutter fünfundachtzigsten
Geburtstag ausgerichtet wohl mit Kuchen wohl mit Wein
Und Weinbergschnecken und mit Kerzen und mit Blumen
Und mit meiner Rede die ich halte auch wenn meine Mutter
Schon seit zwanzig Jahren ruht an immergleicher
Stelle in dem Grabe wo zerfallen ist die Haut die reine
Und die Knochen und die Haare und die Augen die
Ein feuchter Fleck im Erdreich sind und diese Schatten-
Hand die stark war einen Stock zu führen um zu strafen mich
Die Strafehand die fort ist ob es mir genugtut
Daß sie fort ist und mich nicht mehr festhält aber was
Ist fest in dieser Welt und was ist sicher daß ich
Eines Tages dort bin wo die Hand verging und meine
Hände welche fest sind schwinden das steht fest und
Neben ihren werden meine ihren gleichen und ich feiere
Die Stunde wo die Hände fest sind und die Hände meinen
Gleichen und nicht ihren und mein Denken will ich wegtun
Meine Gedanken füllt mich an mit Angst

Wolfdietrich Schnurre

Wahrheit

Ich war vierzehn, da sah ich,
im Holunder aß eine Amsel
von den Beeren der Dolde.

Gesättigt, flog sie zur Mauer
und strich sich an dem Gestein
einen Samen vom Schnabel.

Ich war vierzig, da sah ich,
auf der geborstnen Betonschicht
wuchs ein Holunder. Die Wurzeln

hatten die Mauer gesprengt;
ein Riß klaffte in ihr,
bequem zu durchschreiten.

Mit splitterndem Mörtel
schrieb ich daneben: »Die Tat
einer Amsel.«

(für Otto F. Walter)

Walter Helmut Fritz

Liebesgedicht

So wie du dich
vor Jahrtausenden
als Kreterin
im Bronzespiegel betrachtet hast,
im unerschöpflichen Schattenbehälter,
im Schattenstein,
stehst du heute
vor dem Spiegel im Badezimmer,
dem stillen Teilhaber,
in dem sich dein Gesicht erkennt,
der — in Symmetrien,
in Spiegelschrift —
das Andenken an ein Stück
deiner Biographie bewahrt.
Während das Jahr
sich darin wendet,
nimmt er die Bewegung auf,
mit der du deine Lippen nachziehst.

Katrine von Hutten

Sehr gern würde ich zwei drei
Sätze schreiben die Dir ähnlich sehen
die so sind wie Du
bestenfalls kann ich Dich beschreiben
Du bist ein Wolf
im Wolfspelz
und ein Schaf
im Schafspelz
die Ringe unter meinen Augen ähneln Dir auch
wenn Du durchspringst muß ich lachen
Du sagst oft hoppla
auch wenn Du es nicht sagst
besser gesagt: Du meinst es
es ist erst halb sieben
aber schon vollständig dunkel
so bist Du auch

Friederike Roth

Liebesgedicht

Im Palmengarten, damals.
Der Löwenzahn, das war alles.
Das waren doch Zinnien, oder?

Da bin ich.
Und wenn wir heiraten würden.
Haste nichtn Schnaps für mich,
sagtest du.

Das ganze Leben, sagtest du dann
ist ungesund, sagtest du
denn es führt zum Tode, sagtest du
und du warst schon so voll.

Ich wollte deine Frau sein
Schlafzimmer in rosa
so hoch und so zart
in aller Pracht und Schönheit
und legen unser Geld in eine Kasse.

Später dann alles so schief
und die Heizung war nicht abzustellen
und die Nachbarin mit ihrem blinden Fisch
alles Quatsch, sagtest du,
das Leben, sagtest du,
und
bis bald, sagtest du.

Und im Mondschein:
Deine fleischfarbenen Damen!
Als wären es meine Töchter!
Rote Haare und grüne Augen!

Was schreist du denn so, fragst du.

Nein jetzt singe ich nicht mehr.

Gerd Henniger

Mädchen

zu meiner zeit
wir wohnten damals im kopf
aber unten im kellerlicht waren die mädchen grau
als wir beizeiten hungerten
träumten wir lang
                bei richtigen mädchen
gingen die worte hoch hinaus
zu meiner zeit schwebten die mädchen durch blinde
treppenhäuser in unsern schlaf
der nach moder roch
                wie ihr haar
warn ihre briefe gelockt
ihre linkischen körper zogen sich hinter eiszapfen aus
sie hatten gegenden ohne uns
und mit uns
            kam der regen
als die fremde standuhr uns schlug
war die zukunft schon wieder ein vorkriegsgespenst
du zogst den lippenstift ein
und ich schwieg
              zu meiner zeit
trug die liebe schwarz
wir nannten sie flügel drum schwärmte sie uns davon
zu meiner zeit hieß es noch mädchen
jede zweite ging schief

Aldona Gustas

such
in meinen Achselhöhlen
Schilfrosen
Wellen mit Raupenglanz
Pusteblumen mit Flügeln
skelettierte Märchen

entnimm
meinem Nabel
ein Pfauenpaar
das sich liebt

such
in meinem Speichel
deinesgleichen

wirf
meine pfirsichsüßen Brautschuhe
in die Brut- und Schlafstätten
der Frösche

Horst Bingel

The Tops

reg dich nicht auf, puppe
samstags
penn ich mit meiner frau

das leben ist hart
die konkurrenz
man muß arbeiten in deutschland
komm
ich leg einen Hunderter zu
zieh dich nicht aus

die konkurrenz
mir macht keiner was vor
ich kann da ein lied singen
champagner
also
da müssen die früher aufstehen
die wirtschaft muß rollen
ihr stellt euch das rosiger vor
ich habe zwei kinder
sonst?
das gibt man nicht alles auf
laß die badezimmertür offen
das mußt du hören
das ding wäre beinah geplatzt
und morgen in Düsseldorf

obstfrühstück, fräulein Schmidt
hat B. angerufen?
wenn man sich erst nichts mehr leisten kann
bananen, äpfel, apfelsinen

sie sind glücklich dran
fräulein Schmidt
ihre neue frisur
haben sie das flugzeug nach N.?
ich lasse die herren bitten
ich lasse die herren bitten

Dagmar Bludau

Die Nachtläden

In den Läden der Nacht geht ein Feuer an
dein Nabel blutet und deine Schritte
— ja ich denke immer an Schritte —
treten auf Stein und auf Gras
Was wollt ihr Wolkensöhne?
dein heftiger Biß in den Oberschenkel der Stadt
bleigrau gemusterter Biß
dein ungebrochener Wunsch an ein Haus der Stadt
an ein weihwasserfeuchtes Zimmer mit
zarten Jalousien aus Binsen und
einer Eckbank aus jungem Holz
dein ungebrochener Wunsch ist
bis an aller Tage Schluß hingestreckt
erlegtes Winterwild

Renate Axt

Meine Puppe

Meine Puppe hat Löcher

im Bauch
im Kopf
im Rücken
im rechten Aug
im linken Aug

wenn mein Teller leergegessen ist
leg ich sie auf die Straße und warte

auf ein Auto

Jens Rehn

Käselieder

Wenn ich groß bin
hab' ich ein Auto
und fahre Leute tot.
Neulich hat es Peter erwischt,
den vom Kindergarten,
ein Bein von ihm war ganz ab.
Dabei war der Fahrer
nur ganz wenig betrunken,
zwei Jahre Bewährung,
sagte mein Vater, denn schließlich
ist sein Auto ja auch kaputt.
Wenn ich mal groß bin:
die Leute werden sich wundern!

Ich bin ein Wackelkind,
im Heim lebe ich gut,
käseleicht.

Ich bin das fünfte von Mutter,
sagte die Schwester,
aber die Andern sind alle woanders.
Wenn ich Glück hab'
komm' ich in Pflege,
und mein Nest-Vater
schlägt mich später mal
käsetot,
wer weiß?
Das ist dann was für die Zeitung:
ich wäre plötzlich
käseberühmt!

Wir haben zu Haus viele Bücher,
Quick, Revue, die Bunte und Stern.
Ab 6 Uhr 30 sehen wir fern,
und Mitternacht sind alle besoffen.
Aber das Wort zum Sonntag
läßt uns ja hoffen.

Angela Sommer

Möwen und Wölfe

Ich halte Zwiesprache mit den Möwen
die mein Haus umflattern

ich schleiche mich
wenn es dunkel wird
auf den Dachboden

ich öffne die Dachluke
und bringe mein Jagdgewehr
in Anschlag

bisher sind sie wachsam
aber nicht mehr lange

meine Schritte
auf der Dachbodentreppe
werden leiser
das Öffnen der Dachluke
geschieht geräuschloser

alleine das Dröhnen des Geschosses
zerreißt die Stille
bis mir der Aufprall eines Tierkörpers
den Tod einer Möwe verkündet

ich öffne die Tür zum Garten
und lade meine sibirischen Wölfe
zum Festessen ein

Gisela Coenen

der schrei

wer hält sich unbeschadet und ist nicht
taub geworden von diesem schrei
der alle schreie in sich birgt
... aus allen mündern
allen augen allen fäusten

zuerst vernahm ich diesen schrei
aus augen die am horizont die gräber suchten
der krieg war aus
ich las den schrei in büchern nach
es schrie
und schrie mich an
vom markt der hoffnungslosigkeit
eine flamme ist der schrei
aus des ghettos tiefdunk'lem schlund
in dem das wohlverwahrte elend stinkt

das ohr geschärft nun
für den schrei
verschluckte ich achtundsechzig meinen eig'nen schrei
... das datum weht wie eine totenblume
gehißt in jedem neuen frühling
an einem morschen mast

wo du auch hinwillst und dir ruhe wünschst
den schrei vernimmst du allerorts
nicht nur
von Bacons bildern ... die kunst will
uns entlarven
sie hat einen schrillen ton

für welches ohr ist doch der schrei bestimmt
die frage stelle dir
und gebe deine stimme hin
für diesen schrei

Rolf Haufs

Sein anderes Leben

Ich erkläre nie wieder mein Leben zu beschreiben
Nie wieder die Straße Nr. 4 zu überqueren um
In dem Blumenladen nach einer bedruckten Schleife zu fragen
Auf der nur ein Wort stehen könnte   *Hölle*
                                    Gestern
Hat es den ganzen Tag nicht geregnet ich hätte also
Spazierengehen können irgendwo meine Füße
Im Moos verstecken und an einen
Der vielen Bäume lehnen können
                            Um dann
In einem Buch was über Paul Klee zu lesen
Endlich wäre denkbar gewesen ein unaufhörlich langer Nachmittag
Die Langeweile wäre schön gewesen
Der Gedanke an ein warmes Bad
Das Geräusch eines rückenden Stuhls
                            Endlich
Sich selbst zu sehen in seiner ganzen anhaltenden
                            Verwesung
Einmal träumte mir meine Schwester habe
Zu Fuß die Wüste durchquert. Das kann schon sein nur
Ich habe keine Schwester also der Gedanke
An eine Schwester, die es nicht gibt
                            Ein andermal
Machte mir der schwarze Klee in einem amerikanischen Gedicht
Zu schaffen. Also gibt es das
Daß einem ein Gedicht zu schaffen macht wo doch
So viele Fragen ungelöst durch deinen Kopf rasen
                            So daß du
Immer kränker wirst und man dich eines nahen Tages
Auf einen Wagen legen und dich zudecken wird
                            Von Fuß bis Kopf
                            Himmel

Das hast du dir anders vorgestellt als du
Zum erstenmal deinen Fuß auf den Bürgersteig stelltest
Und aus dem Radio die Stimme von
                         Rudi kam und für immer
In dein Hirn einzog das dir dauernd ein Schnippchen schlägt
Aus dem immer wieder heraussprudelt
Ein Durcheinander von Vorstellungen
Die das Gegenteil sind von dem, was du bist
                         Und nun verschwinde.

Margot Scharpenberg

Berufswechsel

Ich weiß wie man Fäden
schneidet und kann
Enden vernähn

ich nenne mich Schneider
werbe mit staatlich
zugelassenem Schild

den Kunden sage ich
tragt nichts mehr auf
auch nicht euch selber

ich fädele euch
durch meine Nadel
da zieht ihr euch billig
Augen und Münder zu

ich web euch mit eurer
eigenen Haut
Finger und Zehen zusammen

jetzt könnt ihr in alle
Wasser tauchen
und werdet nichts weiter als naß

die Teiche sind euer
bloß
wohin mit den Enten
weiß war das Tier
galt auch schon damals als selten

bald brennen Wälder
Aktenberge
ich laß eine weiße
Herde von Elefanten
wenn du mir beistehst
über die Alpen ziehn

Richard Exner

Die Doktorprüfung

BESTANDEN
das schon,
bravo, herr kandidat,
allein die brechtgedichte,
darauf wäre schließlich nicht jeder,
literatur deutscher analtrompeter,
alle achtung,
tischum das zufriedene
schmunzeln,
wohlbekannt im restaurant
wenn das fleisch mürbe
zum gabeln

VERSTANDEN
manches vom schleirigen,
punktierten, ellipsen . . .
selten wird unter druck
so nuanciert
perzipiert
aber freilich nicht ganz,
Sie erinnern sich,
unerwartet

ÜBERSTANDEN
(ausgestanden)
schnitte aus beinahe,
kaumzeichen —
nur wenige hören die dichter
aus dem wasser
— sehr undeutlich —
durch nebel,
weglassen weglassen

leiser bitte,
es ist ja noch
früh

EINVERSTANDEN
ach, herr kandidat
was waren das für zeiten,
als noch die rede
strömte
(golden) —
ach lachen Sie bitte nicht
das kann heute keiner
mehr mit dem leben
bezahlen:
mit den Händen reden
die kugel im nacken
den strang um den hals
(Sie haben es, nehmen
es mit, klug wie Sie sind?)
fast, jawohl als emblem,
das gas im mund.

EINGESTANDEN
gegenseitige unwissenheit
wir spielen vor
zwölf uhr noch ein
spielchen
ach wie gut daß er
was weiß

ENTSTANDEN
passable einsilbigkeiten
ohne nachweisbare
risse
was heißt hier präzis —
beiderseitige kulanz
ist geboten

statt faktenmüll
repressionen
zum fenster hinaus
prag eintausendsechshundert-
undachtzehn
o herbert, erbarme dich
unser

ZUGESTANDEN
wird wenig —
(ich danke Ihnen, herr
kandidat)
— wird gelegentlich
eine kravatte
wahrscheinlich als salut,
gewissermaßen respekt,
der mir gebührt der
ich schon so viel
länger als Sie
nichts weiß.

(für Scott)

Walter Höllerer

Veränderung in unserer Gegend

I

entschieden   in porösen Gehäusen
      entschieden zu sagen was du für richtig hältst
         entschieden   entschieden   entschieden   in
            Stecken in denen es knackt
      deine bewußte Entschiedenheit in einem Gerümpel von
Maschinen die allzugut funktionieren auch wenn sie
veraltet sind
                  stur ihre Stoßkraft
      entschieden   entschieden   entschieden
            wirst du dagegen sein   und die Gesichter
            wechseln   verschwimmen
                  sind unsichtbar

in einem Geviert
      eingelassen
         Nachbarschaft im Geviert
    Bauchlandung dort im Geviert, Stadion
      eine Armee
      im strengen
      Geviert
    betoniertes Geviert
      und Park-
         geviert mit
    Draht abgesichert, und
ein Flecken, grün, Geviert, das
      von allen Gevierten
        Abwässer sammelt.

      da ein Knall
         und dort einer
    was aus der Leitung platzt
    unter Gebimmel

traurige Krähen
      ›Mönche vom grauen Orden‹
        die nächste Wolke pufft
    aus diesem überlasteten
  renovierbedürftigen System

surrende Maschinen   auf den Ebenen
    surrende Vögel mit
   surrenden Augen   die surrende Mäuse
      beobachten   und du in einem surrenden
   Wagen   der surrende   Köpfe
        hin-befördert
        zurück-befördert

II

     viele Röhren
        Luftröhren und Venen
        in Kapillarsystemen
            ein Röhrchen am Röhrchen, und ein
      Kriechen durch Röhren, so viele
     Leitungsröhren in dieser Stadt, und die
  U-Bahn durch Röhren, und seht, wie die Schiffe,
und alles das Fließende, Tropfende, bis hin zu den Hähnen,
  bis hin zu breiterem Schwall, wie in
      engen Röhren, das Auf und das Nieder, in
      diesen winzigen Ästchen, eifrig

uneben breite   Flächen
   auf die du gelegt bist   auf
        graue Be-
    läge   Gerinnsel   und langsam
  uneben breite   Flächen   wiederkauend
           niederkommend
     auf   dich   zu

     zwischen   den   rissigen
      Hälsen

                     zwischen   den
                          Resten
                     durch   die   ein
                          Brodem
heiß   stoßweis
und   durch   den
          Anhauch
                     ein
                          Zäpfchen
                               zuckend
                          vor einem
              peristaltischen Untergrund

abgelagert
     in der Registratur
möglicher Glashäuser und dort
          mögliche Hochzeiten
     mögliche Fischfabriken und dort
               Nachtportiers
          Direktorenzimmer und eine große
                    mögliche Schreibmaschine im Vorzimmer —
in gelblichen Stößen
          nagt ein
                         Buchskorpion
          an einem abgemagerten
               Projekt

III
manches kehrt zurück   manches wandert aus
          manches wird erschreckt
          beiseite gesteckt
     manches im Land   manches in Sicht
          gibt manchem die Hand
               gibt sie ihm nicht
          mancher freilich
                    hinter das Licht
               hinter den Schultern

120

              bleibt breit die Pflicht   sitzen
Journalisten
         schwenkten schon ein
    Juristen
           beraten
    Aufstieg und Fall von Diplomaten
         manche   Daten   wie
    fünfter Mai
              manches Gesicht im Profil
                   manches verliert Stumpf und Stil
manches gesucht und nur manches freilich
    bleibet aber
              die Polizei

         die
setzen sich vor deinen Fuß
              und fliegen auf vor einem Bus, die
    schweben über deinem Kopf
         und — sichtbar, die
    platzen und sprühen in Bläschen und Funken in
         einem immer hellblaueren Himmel und
              koordinieren sich

         unverbunden
                   einzelne Flecken
         erkennbare Punkte
                   von weitem erkennbar
    in der ältlichen Masse
         bilden Höfe werden heller
heller in Farben wachsen schneller
    haben Festigkeit   werden nicht schwächer
         behaupten sich verbinden sich
              ein Fleckennetz, unübersehbar

Ludwig Fels

City-Poem

Die Überlebenden der Innenstadt
haben wunde Nerven
der bauliche Fortschritt ist eine besonders
raffiniert entwickelte Foltermethode.
Preßlufthämmer und Dampfwalzen fördern
den falschen Aufruhr
ihr Lärm zwingt uns zu ungeahnter Grobheit
mit der sich Opfer wehren
die Mut zum Selbstmord kriegen.
Wir gehören zur aussterbenden Rasse
die zwischen Supermärkten und Touristen-Restaurants
vegetiert
mit allen erdenklichen Nachteilen gesegnet
von Bauernsleuten und Vorortbewohnern überrannt
die den letzten Rest Sauerstoff verbrauchen
und mit ihren Autos die Haustür blockieren.
Der Weisheitszahn der Zeit ist vereitert
überall entstehen neue Betonruinen
wir sehen einen einzigen Baum auf den Pflasterfeldern
so fehl am Platz wie wir
die Straßenbahn rollt über seine Blätter.
Wir haben den Wunsch, unsre Fensterscheiben zu teeren
und die Verantwortlichen dieser
architektonischen Apokalypse
mit unserm Elend zu bedrohen
freiwillig würden wir aus unsern Quartieren evakuieren
bevor wir dem Terror im Amok begegnen.
Der Himmel ist unsichtbar und
die Erde wird auf dem Reißbrett verschandelt
in den Büros der Planer die Natur erlegt.
Wir sind wie Juden, weil man uns vergast.
Wir glauben wieder an den Wahnsinn.

In jeder schlaflosen Nacht wird uns bewiesen
daß uns die Technik verachtet
mit unsern Wachträumen zahlen wir
den Luxus der Bequemlichkeit
Modernität setzt uns schachmatt.
Auf den Verlustlisten sind wir
als verschollen erwähnt
eine Karteikarte bestimmt unser Schicksal
Schaufelbagger und Planierraupen
entscheiden über unsern Verbleib.
Wir sind kranke Gäste
bewirtet von der Gewalt
man wiegt uns bereits auf der Bahre.

Wolfgang Maier

Teltow-Kanal

Unglaublich ist diese rote Fabrik —
Siedlungsvorhaben stoßen sich wund, flüchten
stehen steif, Welle im aufgeworfenen Land

Vollmond, Wolfssonne, romantisches Stärkungswort —
Hier ist der Kanal, Sturzflut des Wolf-Monds
Zersägte Knochen führt er im Reisebericht, rosa Wäsche
Diskret fragt West nach Ost nach Schädel und Plomben
Circa vierzig, geschminkt, jetzt ist Nacht, gurgelndes Licht

Sickerbecken prüfen Sand —
Hier kannst du ruhig ruhn, zerhackte östliche Fremde
Ein Fernschreiber sucht über Nacht deine rosa Wäsche

Ein Scheinwerfer schafft dich fort —
Es ist Montag, die Frühschicht, der geschmirgelte Mond

Ja Licht, der Morgen nagt am Durchfluterschaum
Flockig geschwollener Katzenflaum, Augen
Die schaukelnde Wolfsmilch, der Ausfall, Phenol —

Kein Nachruf wird gestellt
Man schichtet dich irgendwo auf
Schaut tiefer in deinen Schädel (Plomben)
Wo das ist, ist es trocken, sauber, ätherisch
Ja. Du bist eine Nutte, westlich geschwemmt
Als Brustkorb, als Kopf, als Schenkel, als Wade
Die Arme vorab, als Wäsche in Rosa
Deinen Beleidiger lassen wir fort (Säge, Axt)
Und den Weg zum Kanal —

Hier bist du, kaum verfault
Ich habe auf dich gewartet, Zeichen im Scheinwerferlicht
Bitte atme nicht, einen Satz, einen Sprung
So rülpse als Leichenteil im Teltowschilf
Solcher Gong steht seit Jahren still gespannt in meinem Ohr
Ja rülpse, gonge, zerre durchs Trommelfell
Stich die Daseinsblase an mit bloßgelegtem Kopf
Heb dich auf Sand, bieg den Brustkorb nach Licht
Blinzele nicht, Schaum steht auf Augengallerte
Dieser Sand ist kein Ort für Reden
Der Mond wird rasch schmal, ich telefoniere
Träger, Feuerwehr, laß uns jetzt gehen, langsam, kopflos —
Einen wohltätigen Traum stelle ich vor dich, Engel

Einen wohltätigen Satz habe ich vor dich gestellt
Nachts im Traum stehend zieh ich mein Hemd an
Die erste S-Bahn holt mich da stehend heraus
Die Unterhose bleckt nach Licht
Sand reibt in Nägeln, vielleicht bläst Regen
Da schreit die jüngste Mutter, niemand kann folgen
höchstens jenes Geräusch, singend, ein Moped
das sich aufbläht und platzt und diese Nacht zerdehnt
Die Stille trägt einen Nachruf, nicht zusammenhängend
Die Splitter von Worten, so schmeißt man Glas gegen Stein
Jetzt muß es kommen

Jetzt komm
Ich trage nur diese gerunzelte Haut
Der Kalender dieses Jahres ist für Augen gut, er ist rot
Nun ziehe den Strich hier, kreisele blau mit dem Stift
Diese Fabrikspinne im Netz aus Steinen, rot
Die Pförtnerloge im Unternehmerquartier
Ich will dir nichts tun, sage ich

Ich sehe, du willst mir nichts tun
Das Telefon nur, Träger und Feuerwehr
Der Schädelballast treibt dich nicht auf
Jemand sagt ja und nein, unterm Mond schwillt ein rosa Segel
Der Regen bläst scharf, man steht nicht fest in Sand
Ich hole dich, häßlicher Engel, bleib hier
Dein Schatten bewegt sich, erschrick nicht
Bleib sanft, es ist nicht Mai und nichts, nur Dröhnen
Man gibt sich die Hand unter Dröhnen, was ist das
Dieses Licht, dieser Mond, diese Handarbeit Mond, dieses Licht
Stille, der Sand schabt am Durchfluterschaum
Dieses Gurgeln, als sei nichts, dieses Schaben
Denk auf, wach, zieh Hosen an
Ich bin da und du, irgendwer legt die Spiegel schief
Diesen Spiegel Sturzflut, Kanal, heb die Hand hin
Ein Schatten geht zurück, wer trägt den Schatten
Ein Geräusch fehlt, ein Rülpsen,
ein Gongen, ein Zerren, ein Scharren —

Dieter Hoffmann

Offenbach

Hier lebte Sophie von la Roche,
keine Fußballbraut.
Hier leben die Kickers.

Die Ledermesse
vergötzt das Leder.
Der Schuh tritt den Ball.
Im Ledermuseum
hält man die Zügel
aus der Haut
eines englischen Offiziers,
in China
himmelblau eingefärbt.

Offenbach, wie Jaques Offenbach.
Sein Orpheus in der Unterwelt.

Der grüne Rasen
deckt vieles zu.
Hier darf gespielt werden.

Großdruckereien
gehen ein.
Die Sonne glüht,
sie zeigt die gelbe Karte.

Martin Kessel

Zimperliese

Und so warf sie sich aufs Dichten,
das ist nun ihr höchster Schwarm,
wenn auch ungetrübt mitnichten,
so doch auch nicht ohne Charme,
ihr Talent ist dann so eigen,
und wenn sie die Sprache küßt,
hat sie allerhand zu zeigen
je nach Absicht und Gelüst.

Beispielsweise schält sie Worte,
nichts als Worte aus dem Schoß,
davon hat sie jede Sorte
und die läßt sie auf uns los,
und nachdem sie aufgeboten,
knüpft sie bis zu dritt und viert
von Metaphern ganze Knoten,
die sie täglich neu frisiert.

Ei, wie spreizt sie da die Finger,
spiegelt sich und sagt dazu,
das sei nicht nur kein geringer,
sondern auch der letzte Clou,
sei ein tief heraufgeholtes,
wie es sonst noch niemand kennt,
künstlich um und um gepoltes
Muster aus dem Element.

Welch ein Wust und nichts als Worte!
Welch ein Dunst und nichts als Text!
Es ist gleichsam Blättertorte,
die auf dünnstem Boden wächst.
Aber das so Ausgemünzte
reicht sie dar mit feinstem Sinn
als ein ABC der Künste
und sich selber mittendrin.

Zimperliese lacht der Zwerge,
die in Gärten stehn, im Gras,
sie versetzt, so glaubt sie, Berge
einzig durch das Silbenmaß.
Orbis pictus, orbis fractus,
bei ihr sprießt's und lyrisiert
wie im Wettstreit mit dem Kaktus,
der ihr Fensterbrettchen ziert.

Seitdem blickt sie ganz versonnen
durch Pupillen, die sich drehn,
ja, sie hat auch schon begonnen,
sich nach Lorbeer umzusehn,
ihr Talent ist ja so eigen,
und zumal, wenn sie dran nippt,
wirkt sie im Darüberneigen
ganz wie mit sich selbst versippt.

Sappho einst, auf ihrer Insel,
sang von Liebe hochgemut,
und das war kein Wortgerinsel,
Liebe trug sie tief im Blut,
mitternächtlich und in Schauern
kühlte sie die heiße Haut:
die Gestirne sie umdauern.
Sie ist's nicht, die so miaut.

Marianne Eichholz

Kurfürstendamm von 20 bis 24 Uhr

Hartmaul hat das Mandat niedergelegt
der Wind
es sind süßere Zeiten
auf dem anzüglichen Pflaster

schluckt Samt die Obertöne
oder Halbseide.
Man erwartet die Freier.

Während Leuchtreklame
Dach auf Dach die Lampe hält
steigt Nachtleben
ins städtische Bett.
Elf Sterne sind von Kranzler
aus zu beobachten
Fünfzigerinnen den Terrier
im Tragetäschchen
tauschen Komödien aus,
zwei grauhaarige Männer
erörtern mit beredten Händen
das Land der Heimat gab
nach dem Exil
vier Sänger fürs Jenseits
betreten den Schauplatz
Filmplakate spielen
Wirklichkeiten
total heiser an die Wand
der Boulevard Seitensprung
zieht eine
überschnelle
Diesseitsschaffe ab.
Es sind atemlose Zeiten.

Während der Wind mit
durchschliffnen Sohlen pennt
steht auf dem Breitscheidplatz
der blaue Zeigefinger
der höchsten Behörde
Wache für die
Endesunterfertigten der Lebensfreude.

Michael Krüger

Rückreise über Wien

Die Pulsadern dröhnen: ein merkwürdiger Ausdruck für
Sprachlosigkeit: »Man braucht, um zu träumen,
nicht mehr die Augen zu schließen, man muß
lesen. Das wahre Bild ist Kenntnis.
Es sind die bereits gesagten Worte, die überprüften
Texte, die Massen
an winzigen Informationen, Parzellen
von Dokumenten, Reproduktionen von Reproduktionen,
die der modernen Erfahrung die Mächte
des Unmöglichen zutragen.« Das las ich ihr vor,
am Nachmittag. Dann horchten wir. Lange lagen wir
bewegungslos und horchten
auf das Dröhnen der Pulsadern. Ich als Frau.
Wir Frauen. Ein zutiefst weiblicher Standpunkt. Ja,
das sind unsere Vorteile: klar, deutlich, nichts von
der Aufklärung, die du meinst, d. h. nicht laut,
auch: schön. Hinter uns Berge, ein Kloster; vor uns
das Meer, an dieser Stelle schilfig: ich hatte das Zimmer
ausgesucht. Simone de Beauvoir, weit ausschreitend,
vom Museum zur Natur und zurück, hinter ihr, keuchend,
weit abgeschlagen, ein Begleiter: das sticht. Gut,
ich fahre zurück. Um Mitternacht geht ein Flugzeug
nach Wien. Nichts wie weg hier aus dieser Natur,
aus diesen Klöstern und Kirchen, aus dieser historischen
Verkommenheit.

Der Abschied war angenehm und kurz. In drei Stunden,
nach jahrelanger Vorbereitung,
plötzliche Klarheit: die Unmöglichkeiten und
die Möglichkeiten, die Einflüsse und die Abwehr. Ziemlich
alte Geschichten in einem neuen Licht: der Skandal
der Verdopplung, die Geschäftsreise in die letzten Hirn-
windungen, die samtigen Übergänge vom Schlechten,

zum Besseren, zum Guten, zum Abschied. Ein Totalschaden, aber auf leichter Schulter: und ohne Lizenz. Noch im Bus, durch die Scheibe, sprachlose Zeichen: kreisende Bewegungen, Überschwemmungen, Nieselregen, Lufttürme: Luftige Rekonstruktionen von etwas, das nicht war und nicht sein wird. Ein fortwährender Abschied. Eine lächerliche Idee.

Davon erzählte ich in Wien. Ich sagte, ich habe etwas gelernt, eine wichtige Erfahrung gemacht, etwas begriffen. Kühl und genau demonstriere ich Unfähigkeit. Das Bewußtsein vom Bewußtsein eines andern, die Euphorie des exakten Sprechens, wer das nicht lernt, geht kaputt, ist eine Null, oder weniger: ein Minus, wie Lenin sagt, sage ich. Auf dieser breiten Straße geht es leicht vorwärts. Wir müssen genau werden, uns selbst gegenüber, den Sachen gegenüber, sehr eindrucksvoll beschrieb ich die Gesten hinter dem Fenster. Eine ununterbrochene Rede vor aufmerksamen Zuhörern. Und nur selten ein Einwand, das machte mich stutzig.

So. Da wären wir also. Eine imaginäre Landschaft voller Vergleiche. Dieses Gefühl kommt mir vor. Jene Haltung erinnert mich. Die Umgebung ist lieblich, natürlich. Sieh, dort die Baumgruppe. Sieh, hier der Bach. Und dort der Leuchtturm. Glänzend ist der Traum bis an die Grenzen des Horizonts. Hier bleiben wir, natürlich. Während ich Feuer mache, holst du Wasser. Schweigend beobachten wir die Dämmerung, die Erfindungen des Lichts. Strahlende, aber müßige Geheimnisse. Neunzehnuhrdreißig. Die Pulsadern dröhnen: ein merkwürdiger Ausdruck für Sprachlosigkeit; oder: eine merkwürdige Form von Poesie. Jetzt zurück, das ist unvermeidlich. Sofort brechen wir auf.

(für Ludwig Harig)

Max Hölzer

Im Trocadéro

Die Erde, gepflastert, friert
auch in dem lauen Frühjahr
wie ein zerstampftes Bein . . .

Nachts
besuchtest du mich, mit
prüfend gesenkter Stirn,
unterm Mittag saßen
wir zu Tisch.
Ein kleines rundes
Schweigen viel-
leicht
gab sich
ungeteilt
zu essen.
Und gar nicht abwesend griffen
wir das Brot.

Heute spannt sich's hier hinaus,
vom selben Tisch aus falscher
Esche: nicht
ins bebilderte Drüben,
doch, wie ein Name,
ins Eigen-
lose.

Salz, Wagen-
spuren im
Herzen.

Walter Aue

Neckarmann-Urlaub

köpfe tadellos gefüllte köpfe mit gerüchen von
frisiersalons: ein liebespaar dahintanzend
das tanzen der paare
das ruckartige & wippende & kreiselnde tanzen die
ÜBERKREUZUNG DER GLIEDER
nähe suchend
wünsche zu wecken wünsche nach PHALLUS-ZÄRTLICHKEITEN:
daß es der initiative bedarf
etwas gerät in bewegung die hände
wechseln die hände ETWAS KOMMT ZUM STILLSTAND
eine üppig gepolsterte babypuppe eine
sympathische kinofratze elastisch und einfallsreich
die arme gestreckt und die finger gespreizt DAS MODELL DER
                                                 SAISON:
möglicherweise sind es die nackten brüste das
fleisch der frau die symmetrische
teilung des körpers die beliebige babypuppe in leinen gewickelt
DATING & PETTING wie fest das fleisch ist
DATING & PETTING zuweilen gleichen sie babypuppen zuweilen
bedient man sich ihrer mit großer kunstfertigkeit
und nähe suchend
plötzlich eine art GEWALTSAMES HINDURCHBRECHEN
oder die grazie der puppen die schamhaarbüschel die
kurzen federnden stöße zwischen dem SPERMA
und später die postkartengrüße nach deutschland grüße
von stenotypistinnen und immer wieder
die marylin-monroe-ähnliche blondine zum beispiel
der herzog-von-windsor-ähnliche herzog
und stellvertretend für vieles ein rotierender immer schneller rotierender
flugkörper DIE STEILE DIAGONALE DES PENIS
shake-tanzende paare mit souffleurstimmen zum beispiel
blond & verführerisch die nächtlichen bauchtänze die steißtänze die

schenkeltänze die brusttänze
und immer wieder die lockenperücken die beatlesperücken die
eleganten frisuren: köpfe tadellos gefüllte köpfe
das tanzen der paare das ruckartige wippende kreiselnde penis-tanzen
und immer wieder die frauen mit ihren vollgefressenen bäuchen unter
den bäumen sitzend und lachend mit erhobenen
gläsern lachend DAS IST DAS GLÜCK.

Hugo Dittberner

Das Gedichteschreiben über die Erfahrungen beim Einkaufengehen

Als ich vorhin einkaufen ging
habe ich ein Gedicht geschrieben
ich schrieb
manche Dinge verstehst du erst
wenn ein Kind versucht hat
dein Handgelenk mit seiner Hand zu umschließen
weil ich vor mir sah wie ein Mädchen dies bei seiner Mutter versuchte
und manche Dinge verstehst du erst
wenn du im Bett liegst
es ist still zwischen euch
und sie sagt: Sag doch etwas
denn ich erinnerte mich plötzlich daran

Aber was sind MANCHE DINGE
und warum sage ich so leicht
MANCHE DINGE
ist es das Leben
und wieviel ist eine Erfahrung wert
die der Leser erst ausdenken und benennen muß wenn er es kann
damit sie nicht schmalzig klingt

Als ich das dachte und aufschrieb
in meinem Kopf weil ich schon viele Gedichte aufgeschrieben habe
begegnete ich zwei alten Damen
sie standen sommerlich gekleidet an einer Hecke und plauderten

Als ich einige Schritte weiter war
und dachte und aufschrieb ein schöner Tag für Gedichte
hörte ich hinter mir ein Geräusch
wie wenn eine Milchkanne hinfällt und ausläuft
es war eine der beiden alten Damen
sie lag halbgebückt da
und kroch als sie sah wie ich mich umsah
mit Hilfe der anderen alten Dame schnell zum Haus
vielleicht weil sie sich schämte

In der Haustür fiel mir ein
die Erfahrung dieses Gedichts könnte sein die Konsequenz
des Schweigens zwischen euch wenn ihr nebeneinander im Bett liegt
weil ihr keine Kinder haben könnt
und deshalb nicht die Erfahrung werten könnt
was es heißt wenn ein Kind versucht
dein Handgelenk zu umschließen
und was es heißt wenn sich das täglich wiederholt
und schließlich gelingt

Als ich in der Wohnung war dachte ich
ich muß das Abflußrohr reinigen
und dann das Gedicht in die Maschine tippen
und dann hinaus in den Juniabend spazierengehen
um irgendwann vielleicht dazu zu kommen
nicht mehr MANCHE DINGE sagen zu müssen.

Ulrich Raschke

radfahrer

I
der sattel
dreht sich nach dem wind

ich habe die tretmühle bestiegen
und fahre im flügel
über die stadt her

wenn der wind günstig steht
weiß ich, wo die glocken läuten
und wenn der hahn
auf den turm steigt
dann weiß ich hühner
die nicht sattelfest sind
und federn lassen

II
kommt der sturm
der im anzug
ein gewitter versteckt
und in der tasche
den kugelblitz
dann krümme ich den buckel
wie die katze im donner
und springe ins gespeich

III
vom rad gefallen
mit platten füßen, die reifen
geschmolzen, das profil
eine schuhsohle, durchgetreten
die beine im wirbelwind

ich bin in die tretmühle geraten
und der drehwurm
spricht aus

Felicitas Frischmuth

Übungsfeld Übungsfelder
keine monomanische Sicht
gleichaltrig Gleichaltrigkeit
ich sehe hinter der Brille deine Augen nicht
S-Bahnhof Ostbahnhof Glassplitter
erst kommt der andere Zug
dann kommt der Zug nach Saarbrücken
jeder hat eine Erinnerung
jeder hat seine Erinnerung
jeder behält was für sich
wir sind angekommen wir sind abgefahren
wir sind nicht jeden Tag an dieser Stelle
unter diesen Umständen in diesem Zimmer
in diesem Bett aufgewacht so aufgewacht
zum Weiterfahren aufgewacht
ein Ruhepunkt Punkt auf der Karte
auf dem Plan Ortsplan
der Standpunkt des Betrachters
ein dickerer Punkt eingerahmt
vielmals betastet ausgewischt
unkenntlich gemacht geworden
von mir aus hätte die Reise länger
dauern können hätte der Aufenthalt
ausführlicher hinreißender nachlässiger
weiter ich bin so selten hier
ich fahre so selten diese Strecke
gehen wir los setzen wir uns hin
vorausgesetzt daß Sie Lust dazu haben
in dieser Woche sind die Verluste
am niedrigsten gewesen
erklären nicht verfechten
eine lange Geschichte ist das Motiv
wir haben uns freigenommen
wir haben uns extra freigenommen

wir haben uns extra einen Tag freigenommen
für das Fußballänderspiel
Gerede
der Besuch steht noch aus
du sagst wörtlich ich seh so gern beim
Angeln zu wie kommt das
hohe Decke frische Luft Bergluft
kein Vergleich zu uns
auf dem Tisch stehen gelbe Tulpen
auf dem Tisch standen gelbe Tulpen
hätten violette sein sollen
zuviele Antworten
wir waren ausgestopft ausstaffiert bedient
keine Melodie zum Mitsummen
eine Art zu leben

Ludwig Harig

Alle machen alles

In der Küche

Der Vater ißt den Speck.
Klein-Walter spielt Versteck.
Die Mutter kocht die Suppe.
Susanne hält die Puppe.
Die Katze liegt im Eck.

Der Vater spielt Versteck.
Klein-Walter kocht die Suppe.
Die Mutter hält die Puppe.
Susanne liegt im Eck.
Die Katze ißt den Speck.

Der Vater kocht die Suppe.
Klein-Walter hält die Puppe.
Die Mutter liegt im Eck.
Susanne ißt den Speck.
Die Katze spielt Versteck.

Der Vater hält die Puppe.
Klein-Walter liegt im Eck.
Die Mutter ißt den Speck.
Susanne spielt Versteck.
Die Katze kocht die Suppe.

Der Vater liegt im Eck.
Klein-Walter ißt den Speck.
Die Mutter spielt Versteck.
Susanne kocht die Suppe.
Die Katze hält die Puppe.

Im Garten

Der Vater streicht das Haus.
Susanne pflückt den Strauß.
Die Mutter harkt die Beete.
Klein-Walter spielt Trompete.
Die Katze fängt die Maus.

Der Vater pflückt den Strauß.
Susanne harkt die Beete.
Die Mutter spielt Trompete.
Klein-Walter fängt die Maus.
Die Katze streicht das Haus.

Der Vater harkt die Beete.
Susanne spielt Trompete.
Die Mutter fängt die Maus.
Klein-Walter streicht das Haus.
Die Katze pflückt den Strauß.

Der Vater spielt Trompete.
Susanne fängt die Maus.
Die Mutter streicht das Haus.
Klein-Walter pflückt den Strauß.
Die Katze harkt die Beete.

Der Vater fängt die Maus.
Susanne streicht das Haus.
Die Mutter pflückt den Strauß.
Klein-Walter harkt die Beete.
Die Katze spielt Trompete.

In der Stube

Der Vater trinkt ein Bier.
Klein-Walter spielt Klavier.
Die Mutter spült die Töpfe.
Susanne flicht die Zöpfe.
Die Katze ist nicht hier.

Der Vater spielt Klavier.
Klein-Walter spült die Töpfe.
Die Mutter flicht die Zöpfe.
Susanne ist nicht hier.
Die Katze trinkt ein Bier.

Der Vater spült die Töpfe.
Klein-Walter flicht die Zöpfe.
Die Mutter ist nicht hier.
Susanne trinkt ein Bier.
Die Katze spielt Klavier.

Der Vater flicht die Zöpfe.
Klein-Walter ist nicht hier.
Die Mutter trinkt ein Bier.
Susanne spielt Klavier.
Die Katze spült die Töpfe.

Der Vater ist nicht hier.
Klein-Walter trinkt ein Bier.
Die Mutter spielt Klavier.
Susanne spült die Töpfe.
Die Katze flicht die Zöpfe.

Am Sonntag

Klein-Walter liest ein Buch.
Die Mutter näht das Tuch.
Der Vater raucht die Pfeife.
Susanne knüpft die Schleife.
Die Katze hat Besuch.

Klein-Walter näht das Tuch.
Die Mutter raucht die Pfeife.
Der Vater knüpft die Schleife.
Susanne hat Besuch.
Die Katze liest ein Buch.

Klein-Walter raucht die Pfeife.
Die Mutter knüpft die Schleife.
Der Vater hat Besuch.
Susanne liest ein Buch.
Die Katze näht das Tuch.

Klein-Walter knüpft die Schleife.
Die Mutter hat Besuch.
Der Vater liest ein Buch.
Susanne näht das Tuch.
Die Katze raucht die Pfeife.

Klein-Walter hat Besuch.
Die Mutter liest ein Buch.
Der Vater näht das Tuch.
Susanne raucht die Pfeife.
Die Katze knüpft die Schleife.

Kuno Raeber

Der Teller

Nimm den Teller vom Tisch,
trag ihn durch die Kammern.
Laß dich durch den Staub, die
Spinngewebe, das Sägemehl nicht beirren.
Nicht durch das alte
Gift, nicht durch den Speck,
der aus den Mausefallen heraufstinkt.

Ruh auf keinem Sessel aus, er bricht,
die Federn stechen dich ins Gesäß.
Geh durch die Zimmer weiter, verschütte
die Suppe nicht; erst am Ende, wo die Bilder des toten
Zaren und der Zarin fast schon
unkenntlich unter verstaubten
Scheiben hängen, dort in der letzten
Kammer stell den Teller nieder in die Asche: iß!

Wilhelm Genazino

Was es gibt

Durch die Wohnung gehen
                              wie nasses Wetter
mal regnet es in diesem Zimmer
                              mal in jenem

das Knacken der Wärme in der Gasheizung
                              touch me
                              feel me
morgens der Geruch von frisch gewachsten
                              Holztreppen
der Gruß des Bäckers
(er verkauft wieder gefrorenes Brot)
wieder einige ins Haus gewehte Blätter
und woher kommt nur das
                              Gefühl,
man läuft seit vierzehn Tagen mit gebrochenen Zehen
                              umher?

(»Es hilft nicht, daß du hilfst«)

Der Anblick der Schläge im Fernsehen
später die Abendbosheit
                              irgendetwas
                              was einen anders macht
Die ganz tolle Verzweiflung
                              wenn man merkt
man wird nicht verstanden
                              ist wieder da

(»Sag nicht: Oh Gott oh Gott,
sag: Ja ja ja ja«)

Der Beziehungswahnsinn dreht seine Kurven
und legt uns seine weiten Ketten an
Frustkrebs und Hirnstille,
guten Tag.

(»Soviel wie in diesem Jahr bin
ich noch nie herumgesessen«)

Was sagst du dazu:
Angst bis unter die Augendeckel
und das noch vierzig Jahre lang?

Immer wieder greife ich mir an den Kopf
weil ich den Schmerz einmal erwischen möchte
wenn er gerade schmerzt

Wieder das Gefühl
alle anderen sind aufrichtiger
dabei müssen auch die anderen
alles mit allem verknüpfen
                    (Das Dickicht im Kopf dann)

(»Du mußt stolz sein, daß du ein Mensch bist
den man noch fragen muß
und keine Figur
von der man weiß,
                    das geht und das geht nicht«)

Kaum kann ich noch essen,
so schäme ich mich.

Es regnet auf die Wäsche im Garten
es regnet und regnet
und ich kann die Wäsche nicht mehr abhängen
der Regen ist schneller

Der Verwöhnungsspezialist
den du brauchst
den gibt es nicht
(»Das sage ich dir immer und immer wieder«)

Ich möchte einen Schwerbeschädigtenausweis
und dann auf Mitleidstournee
Rede deine Rede zum Fenster hinaus
(»Ja ja«)

Ich werde mich nicht umbringen
aber ich werde gern sterben

Nicolas Born

Dick vermummtes Winterbild

Ich spüre nichts und gehe durch stille Autokolonnen.
Die Welt ist eingepackt in Goldpapier.
Die Beleuchter stöhnen.
Das Gehirn labt sich am gelben Neon-Geflügel
    der Wienerwaldstätten;
eine Rolle Drops erstrahlt in feierlichem Glanz.
Hier auf der U-Bahntreppe verliere ich haltlos
    die Tränen
und wieder vergeht auch bei uns zu Hause
    ein Winter ohne jede Zuchtperle.
Die Hauptperson liegt in ihrem kleinen Bett
mein Kind, ich sehe es an, es ist Jesus.
Es riecht so gut durch die Windeln — Babycreme
gemischte Gerüche und Gefühle, Wollsocken
eine Herberge, ein Licht dem man sich nähern kann.
Ich nehm die Hände aus den Taschen. Ich bin
    verrückt nach diesem Babygeruch.
Das grüne Badewasser läuft ab und unter der Erde
    schäumt ungesehen ein Wunder auf.
Ich und du — wir schlagen uns heute morgen
mit unendlich humanem Ausdruck ans Kreuz.
Das war wieder mal das Frühstück. Meiner Frau
bleibt die Milch weg von der Schufterei, ich sehe
    das ein.
Draußen wird noch geschossen. Man packt uns
an den kleinen Beinen und wirft uns in die Luft.
Wir werden geschlagen und erschossen, das aber
    erst später.
Jesus greift nach meiner Brille, aber vielleicht
will er mich nur segnen.
Ich will keine alten Geschichten und
keine neuen Geschichten. Und ich will keine
    renovierten Geschichten.

Ich will die Verwandlung menschlicher Energie
in warme Zimmer und dampfende Abendessen.
Ich hack dir dein Holz damit du es von Weihnachten
    bis Ostern warm hast.
Vergleiche sind mir verhaßt aber einmal
    — keine Witterung mehr.
Ich frag mein Bein ob es Bescheid weiß
meinen Bauch meine Hände mit denen ich
meine Fortsetzungsgeschichte füttere und streichle.

Große Erzählerschlachten sind in meine Wände
    geritzt
Strahlen prasseln auf mein Haar
an den Gelenken werden Uhren alt.
Diese Minuten in denen ich dies aufschrieb
bleiben erhalten wie alles was vorbei ist.
Heute bist du dran morgen ich und beide sind wir
    lange her.

Meine Fenster blicken noch in die Welt
nicht unähnlich der Welt
    wie sie in meine Fenster blickt.
Unter der Kopfkrümmung ist alles begraben
der Anblick der nassen Dächer trocknet schnell.
Wahn summt in der Etagenheizung
Wahn zehrt vom Hund in der Hundegeschichte.
Ich spüre noch Möglichkeiten:
    einige Tierleben.

Träume frottiere ich aus dem Gesicht
der Bimsstein liegt auf dem Wannenrand wie gestern
aber vieles ist niedergelegt und abgeschrieben
    seitdem.

146

Günter Bruno Fuchs

Untergang

Der Regen arbeitet.
Die Straßenfeger sind arbeitslos.
Die arbeitslosen Straßenfeger sind heimgekehrt.

Die Bäume dursten nicht mehr.
Die Schulhofbäume dursten nicht mehr.
Die überraschten Lehrer beenden die Konferenz
und schwimmen zum Tor hinaus.

Der Regen arbeitet.
Papierne Zeitungstürme neigen sich lautlos.
Rote Schlagzeilen färben das Wasser rot.

Das Kind armer Eltern schläft in der Kohlenkiste.
Das Kind reicher Eltern schläft im Himmelbett.
Die armen und reichen Eltern
hören den Regen nicht.

Die überraschten Lehrer
hocken ratlos im Geäst der Bäume.
Die große Pause kommt unerwartet.

Wolfgang Hädecke

Haus der Angst

Wir wohnten im Haus der Angst.
Unheilbarer Aussatz, saß sie
an unseren Füßen, eingenistet hockte sie
unter den Achseln, in den Torbögen
lauerte sie nachts und in der toten,
der schlimmsten Stunde des Frühmorgens.

Sie klebte auf unseren Türklinken,
sie kroch unter unsere Dielen, lautlos,
wir vertrieben sie aus unseren Briefkästen:
sie sprang uns als Regen ins Gesicht.
Nachbarn steckten uns mit ihr an,
den Greisen schloß sie die Augen
und vergiftete die Lust den Liebenden,
unsere Kinder trugen sie auf den Lippen:

ohnmächtig hielten wir Rat
in Stuben, die nicht mehr sicher waren.
Wir richteten nichts gegen sie aus,
sie erwies sich als unausrottbar,
sie gehörte uns an wie unsere Haut:
wir wohnten im Haus der Angst.

Rudolf Hagelstange

Operation

I.

Gewisse Beschwerden,
Atemnot bei eiligem Koffertragen,
anginöse Beklemmung beim Austerntauchen,
unruhiger Schlaf . . . Altern ist ein
normaler Vorgang. Die Zellen schrumpfen.
Gewebe, Organe werden kleiner und spröder.

Aber
da ist ein Geräusch, das neu ist
(sagt der Mann mit dem Hörrohr)!
Ein Hund bellt in dir. Etwas
ruft, klopft, ein Kuckuck, ein Specht.
Horch in dich hinein . . .

Aber
da ist nur die Litanei, die unaufhörliche,
sattsam bekannte
dieses geschwätzigen Muskels, welcher
regiert, solang er kann.
Zweikammersystem.

Aber
nun gibt es Reibungen, Opposition,
wiewohl Rechts und Links
gut zusammenarbeiten.
Die Herztöne seien in Ordnung
(meint der Lauscher im Kittel).

Aber . . .

II.

Forßmann (Nobelpreis)
exerzierte das an sich selbst vor:
Spähtrupp, Vorstoß ins eigene Herz
mithilfe eines Katheters, den er
in eine
(geöffnete) Vene ein-
führte und vorschob
durch den langlangen Tunnelgang
bis ans
Hauptquartier,
den großen Magneten.

Heute ist das ein Kinderspiel.
Einschnitt (ein Schnitt) an der Leiste.
Die Rute, die Sonde (Kunststoff, Metall)
mit winzigem Strahlenkopf
geht auf die
Wanderschaft. Tastend
fädelt sich, wird gefädelt,
die medizinische Neugier
in meinen
Leib. Der atmet
furchtlose Furcht.

Steigende Wasser. Wachsendes Feuer.
»Ich spritze jetzt. Das weckt Hitzegefühl . . .
Keine Sorge . . .« sagt der
professorale Stoßtruppenführer.
Herz, mein Herz! Was soll das geben . . .

Brennender Dornbusch. Und unter der Flamme
das metallene Schlänglein
wandert oben im Röntgenschirm mit.
(Die Operationsschwester sächselt.)

Abwesenheit . . . Anwesenheit . . .
Kälter . . . Und wärmer jetzt!

Und jetzt ganz heiß! (Wie beim
Kinderspiel.)

Hier! Oder: Heureka! Jeder und jede
sehn auf dem Bilde mein Aneurysma.

Ich nicht.

III.

Man kann leben damit. Man
kann sterben daran.

Ein Treppensturz. Ein Verkehrsunfall
(Auto-Zusammenstoß). Möglicherweise auch
eine leichte Überanstrengung
beim Heben, Tragen, Laufen,
bei der Darmentleerung . . .
Wills der Zufall — —

Die Geschichte jenes Medizinal-Professors,
der mitten in einer Vorlesung abbrach —
sein Aneurysma war gerissen, geplatzt —,
um sich aufs Totenbett zu begeben.
(Anno Damalsnochnicht!)

Aber heute! Und dann: dieser Fall!!
(Auch Defekte können denkbar günstig
placiert sein.) Eine Lockung für Operateure.
Eine Auszeichnung für den
Patienten. Geradezu ein
Charisma.

Ich habe zeit meines Lebens
mit dem Makel des primitiven
Gesunden leben müssen.
Nun endlich — —

Wer entzöge sich
solcher Berufung . . .

IV.

Der letzte Abend (davor) . . .

Gewisse verspielte (verspielt?)
Nachlaß-Akte und Selbstverhöre,
Repetitionen, Reminiszenzen . . .

Vertrauen in die gute (eigene) Natur,
die Celebrität, Kapazität im Kittel,
die guten (Herz- und Lungen-) Maschinen,
die katholischen Schwestern.
(Sie sind so hausbacken und haben
so tröstlich weltfremde Namen.)

Die eine hat mich (Luftpumpe? Spritze?)
in einen Ballon verwandelt, der steigt.
Hieß sie Euphoria . .? Ich
ent-schwebe
langsam in den
nächtlichen Sommerhimmel —

Grüß Gott, ihr Frauentürme!
Dank dir, Euphoria!

Ich herze
mein Herz.

(aus einem Zyklus)

Elisabeth Borchers

Das Begräbnis in Bollschweil

Wenn jemand gestorben ist,
den wir gut kannten,
prüfe ich unser Gedächtnis.
Es taugt nichts,
stelle ich fest.
Es ist nicht haltbar.
Wir sind bald verloren.

Wir nehmen den Berg wahr mit erstem Schnee
und den Nebel im Feld
und finden das passend und schön.
Unsere Bedürfnisse sind einfach und stark,
wir frieren, haben Hunger und Durst
und einen nächsten Termin.

Zwischen uns die kleinen langsamen Gespenster.

Margarete Hannsmann

Glatteis für Günter Eich

Asche und Salz
wenn ich die Finger spreize
töte ich was dich trägt

über schimmernde Schluchten
Sternwasserfälle und Rauch
künftiger Vulkane
Opferfeuer von einst

Unter dir lagern
nachtlose Städte
schnappen nach dir
durch die Hand mit dem Salz

Vor dir schwappen
schwarze Meere
lecken durch Finger
der Aschenhand

Über dir schwären
Himmel wachsen
ohne Mond abwärts
in dein Gesicht

Asche und Salz
wenn ich die Finger spreize
töte ich was uns trägt

Wie kannst du tanzen
hinter der Salzhand
hinter der Aschenhand
taste dich

über das brillenglasdünne Eis
aller dreißigsten Januare
nimm deine Brille ab
schließe die Augen

dann tret ich hinter dich
spreize die Finger
streue streu
es soll keiner sehn

wie dich das Eis trägt
die gelbe Freesie*.

* Freesie oder Kapmaiblume,
Familie Schwertliliengewächse,
blüht in Gewächshäusern be-
reits im Februar

Hans Bender

Selbstmörder

Vor zwei Monaten erst
   und heute wieder
   die gleiche Nachricht
   so jung erst
   und der andere
   in deinem Alter

Ging nie mehr aus
   die Zeit der Lärm
   die Diktatur
   die Freiheit
   und so viel Erfolg
   gerade jetzt

Nun das Gerede
   die Journalisten
   die Frauen Kinder
   Freunde geheimnisvolle
   Tabletten
   Schuß in den Mund

Ohne Angabe der Gründe
   ein Verlierer
   ein Sieger
   Furcht vor dem Kommenden
   — erlöst
   und du Feigling
   du zögerst

Rolf Dieter Brinkmann

Na, irgendwie

Leute verstehen nicht ein
Begräbnis, Leute sind krude.

Nimm ein paar Leute zusammen
und stell sie fröstelnd um

ein Feuer aus altem Pack
Papier. Leute schlagen ihre

Hände zusammen, Leute denken
an was anderes als an Feuer

: vielleicht denken sie an
Bitte, die Haustür nach 22 Uhr

verschließen, vielleicht an etwas
Abgehacktes, sie denken an . . .

Na, dann packen sie den alten Kram
zusammen, der maln Körper

war, falten ihn im Hausflur
zusammen, in der Ecke, einer

hält'n schwarzes Tuch davor,
falls mal jemand in dem Mo

ment ins Haus reinkommt, bei
den Fahrrädern, und dann ab.

Hanne F. Juritz

Epitaph für H. F.

eingerannt das schwerfällige hirn
den zunder
der so hart sich anvertraut
im fraugetrieb
des ewigwartenmüssens
am birnbaum der erkenntnis
aufgehängt
unliebes nebenbei erhascht
die schärfsten gewürze gefressen

auf glitschigstem boden
mehrfach ausgerutscht
zerschunden
angeschwemmt
den hintern durchgesessen
die müdigkeit selbstsüchtig umgebracht

ein abfall selbst
geschweige ein produkt
kartoffelschale: beige und innen pampig
die unzufriedenheit
selbst
in person

kennzeichen H wie hur
und F wie flitt
und obendrein noch schlampig

Peter Rühmkorf

Schon ab vierzig

Grauer Gast in vielen Freudenhäusern;
·Ehrenjungfern werden merklich knapp,
Wie sie dastehn,
so in ihrer Blüte,
eisern;
und du puckelst dich mit deinen Sünden ab.

Wenn dir unterm Hemd die Flechte juckt,
glaub nur nicht, du wärst ein großer Friedrich —
Die Natur zerreißt dich
r e g e l w i d r i g ,
Schicksal ist ein Kunstprodukt.

Tragik?
Damit zieht man Kälber groß;
wer Fortüne haben will, muß stechen.
Schon ab Vierzig wird die Liebe zum Verbrechen
oder aussichtslos.

Liebe hat mit Dichtung auch nichts mehr zu tun:
k e i n e   h o h e n   h i e r ,
keine Selbstgefühle,
trab nachhause, alte Suchtkanüle,
schieß dich voll und laß dich ruhn.

Du — im Kampfe unbesiegt;
Du — nur von der eignen Hand verletzbar —
Doch der letzte
D o n n e r
nie mehr übersetzbar,
wenn dein Kopf dir um die Ohren fliegt.

Karl Krolow

Gelegentlich

Gelegentlich habe ich
beschrieben gefunden,
wie es ist, wenn etwas
übrig bleibt —
von einem Nelkenstrauß
eine Nelke,
von einem Gewehrschuß
das Loch in der Schläfe,
von einem mächtigen
ein toter Mann,
von einem Nachtessen
die Tagesordnung,
von der Liebe
ein Kind.

Jürgen Becker

Gedicht im Wind

Jahre; das sind die faulenden Mauern
im Fachwerk
      — aber, das ist Fachwerk; das Dorf,
die Dörfer sind weg; Leverkusen
auf allen Hügeln; auf allen Hügeln
Los Angeles —
      im Wind. Es sind die Geräusche
der Produktion
      (»Die Pappeln am Bauernhof
werden nicht still«, im Kriegstagebuch 39 von
Hartlaub. September)

im Wind. Birnen
rasseln; das harte, das alte Gras, unten,
macht keinen Unterschied; die Birnen,
die faulenden Birnen sind weg
— und
keinen Unterschied macht jetzt der Nebel,
(»was heißt hier
Nebel«) unten. Wir
husten. Alle in der Bucht. Bucht
im Wind
der Chemie; hier,
auf den Hügeln,
sage ich, hier auf den Hügeln,
Beverly Hills —
Jahre; das sind
die alten Sprachen im Kopf; im Koffer, noch,
die alten Karten
(California); die Karten da
an der Wand
— und da die Dörfer sind weg.
Dörfer auf Karten. Leverkusen
(Carl Leverkus) seit 1930.
Chemie. Der
Nebel. Älter ist dies Fachwerk
(Fäulnis,
Chemie); alternd, im Wind.

Walter Neumann

Vita humana

Geschlechtsverkehr,
Armut,
Mord.

Der Kampf
um den Platz
an der Sonne.

Silben-
und Wort-
stecherei.

Heute hier.
Morgen nicht da.

Nicht mehr.
Nie mehr.
No more.

Es bleibet aber
ein Erdfleck,
einsmalzwei Meter.

(Solange
die Pacht
bezahlt ist.)

Wolfgang Bächler

Mein Baum

Als ich einschlief,
dachte ich,
es wäre vielleicht eine Bronchitis
oder ich hätte nur zuviel geraucht.

Doch dann wuchs mir
ein Baum aus der Brust,
verzweigte sich, trieb Blätter.
Vögel setzten sich auf die Äste,
fingen zu zwitschern an.

Wurzeln umklammerten mein Herz,
drangen ein in seine Kammern.
Es schlug durch den Stamm
hinauf bis in die Zweige, den Wipfel.
Mein Blut nährte den Baum,
füllte die Adern der Blätter
und er atmete mit mir ein und aus.

Wie sollte ich je wieder aufstehen können
mit diesem Baum in der Brust?
Wie durch die Türen gehen?
Leichter wächst da mein Baum
durch die Zimmerdecke, durchs Dach.
Ja, nur so kommen wir aus dem Haus.

Dietger Pforte

elefant in mir

es klopft — ich sage herein
und es tritt ein in mein zimmer
durch die tür ein großes tier
mein elefant

es grüßt mich freundlich
hängt sein fell an den haken
setzt sich auf den besucherstuhl
schlägt ein hinterbein über das andere
greift nach meiner zigarettenschachtel
nimmt sich eine zigarette heraus
zündet sie an
und sagt

ach weißt du dietger
dein dünnes fell
möchte ich auch mal haben

Dagmar Nick

Geh über Nacht

Schlage die Tür zu
und vergrabe den Schlüssel
in keiner Erinnerung.
Nimm keinen Abschied.
Du hast deine Hoffnung
getränkt mit Galle:
jetzt steht der Schierling
mannshoch.

Schlage den Weg ein,
den du vergessen wirst.
Geh über Nacht.
Nimm Aufenthalt,
wo du nicht bleiben wirst,
decke dich zu
mit dem Schatten der Sterne.
Gib keine Antwort.

Ernst Meister

Ich will weitergehn

Ich will weitergehn —
zu Berge fallen,
zu Tale steigen,
ich will weitergehn.

Am Saume des Meers
steht der Tor,
und der Wind flüstert ihm zu:
Das Salz der See
kann nicht dumm werden.

Ich will weitergehn,
zu Berge fallen,
zu Tale steigen ...

Ich besuchte ein Grab.
Der Kopf eines Fisches
durchbrach den Hügel;
sein Auge schaute mich an
zwischen Blumen,
mein Herz stand still.

Durch das Netz, das nicht fängt,
fielen Wünsche und Wunsch,
und das Schweigen sprach:
Den Bettler der Worte
wird der Himmel nicht schelten ...

Ich will weitergehn.

Peter Huchel

Begegnung

Schleiereule,
Tochter des Schnees,
dem Nachtwind unterworfen,

doch Wurzel fassend
mit den Krallen
im modrig grindigen Gemäuer,

Schnabelgesicht
mit runden Augen,
herzstarre Maske
aus Federn weißen Feuers,
das weder Zeit noch Raum berührt,

kalt weht die Nacht
ans alte Gehöft,
im Vorhof fahles Gelichter,
Schlitten, Gepäck, verschneite Laternen,

in den Töpfen Tod,
in den Krügen Gift,
das Testament an den Balken genagelt.

Das Verborgene unter
den Klauen der Felsen,
die Öffnung in die Nacht,
die Todesangst
wie stechendes Salz ins Fleisch gelegt.

Laßt uns niederfahren
in der Sprache der Engel
zu den zerbrochenen Ziegeln Babels.

(für Michael Hamburger)

Gabriele Wohmann

Ich weiß das auch nicht besser
Ich kann das auch nicht schlüssiger beantworten
Nicht einfürallemal und genau so
Nicht allgemeingültig und genau so nicht
Ich gehöre auch zur besitzenden Klasse
Selbstverständlich, sage ich, man kann eine Stellungnahme
             von mir erwarten
Klar, den Minoritäten und so weiter
Meine Sympathie, klar
Und mehr noch und darüberhinaus noch
Doch ja, sage ich, durchaus, nach meinen Möglichkeiten
Aber zuerst muß ich mal dieses nächste Lebenszeichen von mir
      hinkriegen, diese nächste kleine Herzrhythmusstörung
Ich möchte schon, sage ich
Aber die durch mich erreichten Veränderungen
Sind kaum vorzuweisen
Doch ja, ich besitze beispielsweise
Und auch eine Gesinnung, einen gültigen Fahrtausweis,
            einen Stoffwechsel
Und auch einen konsumierenden Konflikt
Und den See des Besitzers besitze ich auch, ich besitze ihn mit
Ich betrachte ihn nämlich, ich werde mich sogar an ihn erinnern
Nein, das möchte ich nicht, sage ich
Und mehr über die herrschenden Verhältnisse
Aber wenn ich morgens doch wieder anfange
Aber wenn ich diese Reise jetzt doch wieder antrete
Aber wenn ich täglich doch wieder mit diesen Einzelheiten
               weitermache
Mit diesen Widerständen und Muskelleistungen, verdammt: diese
            Fortsetzung mit mir
Mit diesem Ablauf weitermache, winzigen Monsters
Mit meinen Augenblicken, mit dem listigen Überleben
Wenn ich GUTEN MORGEN sage

Habe ich also doch wieder eingewilligt, ich bin nicht einverstanden
Ich habe meinen neuen Selbstversuch, diesen Tag, doch wieder
eingeleitet
Und während ich mich mit den kommenden 24 Stunden
weitervergifte
Wie sich das gehört, wie du und ich, gesellschaftspolitisch integriert
und immer irgendwo anwesend
Gibt es gleichwohl keine Auseinandersetzung
Zwischen mir und dem Bundestag
Zwischen mir und der Weltwährungskonferenz
Zwischen mir und der Dritten Welt
Zwischen mir und dem ASTA
Zwischen mir und dem Institut für Bodenforschung
Und der Arbeiterklasse und dem Zentralkommittee und dem
Landesverband
Und nicht einmal mit dir
Und nicht einmal mit euch die mir zu nah stehen
Denn ich befürworte noch einmal einen Aufschub
Denn ich möchte noch einmal andere Neuigkeiten erfahren
Als die über euch, über eure Fortschritte mit euren Agonien
Nein, keine Zweifel an meiner einwandfreien Denkweise
Und ich gebe auch Antwort, zeige mich informiert, aufgeschlossen,
ich unterschreibe, ich spende
Während ich überaus allein, exklusiv, einfach für mich
Ohne Berichterstattung, äußerst individualistisch inmitten meines
tödlich verlaufenden Privatlebens
Ein Stück Wald gut finde
In Holland verlorengehe
An der belgischen Küste täglich ertrinke
Und das ist nicht einmal alles
Das ist nun wirklich meine Sache
Sehr wahrscheinlich auch noch im übernächsten Quartal
Riskiere ich mich.

Helmut Heißenbüttel

Gelegenheitsgedicht Nr. 32
Rückblick auf das Jahr 1974

bereits im November hatte meine Hand die Neigung auf Brief-
köpfe die Jahreszahl 75 zu schreiben
1974 war keine Primzahl 2 mal 3 mal 329 1794 zum Beispiel
wäre durch 13 teilbar gewesen 2 mal 3 mal 13 mal 23
ich mache Vorbehalte
das Durchhauen des Kohlhaupts als Manuskript abgeschickt am
25. Februar Klappentexte für Sandig 29.3. Köln für Meret
Oppenheim 21.5. Stuttgart für Windheim 9.6. Köln für Grae-
venitz 16.6. Bremerhaven für Michaux 6.7. St. Gallen Gele-
genheitsgedicht für Adami 11.7. München
ich mache Vorbehalte
einige Wiedersehen unruhiger Sommer merkwürdig angenehme
Erinnerung an den Bahnsteig Hannover Hauptbahnhof
die Vorbehalte werden nicht weniger
Traum von der Rückverwandlung der Erde in einen menschenlee-
ren Steppenwald ich habe angefangen Menschen nicht mehr zu
mögen
sieben Wochen Juist vierundsiebzigmal gebadet Flug mit der
Chessa bei Windstärke acht Krimiserien Boney Cannon Kojak
die Vorbehalte werden nicht weniger
emotionale Bewegung vor dem Fenster eines Spielwarenladens
wie lange das her ist daß ich eine Spielzeugeisenbahn gekauft
habe
die Vorbehalte sind nicht aufzulösen
unruhiger Sommer und herbstliche Depression nichts ist eingelöst
worden
Traum von riesigen Schlucht und Ebenen überspannenden Gebil-
den die niemandem zunutzen sind Einsicht in die Abhängig-
keit von Gefühl und Sex Architekturen mit der Tendenz Be-
wohner abzustoßen

Erinnerung an Eisenbahnlandschaften im Wechsel der Jahreszeiten Zonengrenze Göttingen Bebra im Wechsel der Jahreszeiten im wechselnden Licht der wechselnden Tages und Jahreszeiten

es ist mir auch in diesem Jahr nicht gelungen in die Schicht der Vorbehalte einzudringen

ich habe gelebt aber ich weiß nicht ob ich es bewußt geworden bin

langsam verfallende riesige Kuppeln durch deren Risse metallfarben glitzernder Schlamm herab tropft graue Fahnen des fahlen Dezemberhimmels

es sind die Vorbehalte die sich der Artikulation widersetzen

Unerträglichkeit der immer weiter anwachsenden Erinnerung Unerträglichkeit der nicht mehr verwertbaren Datenmasse

es sind die Vorbehalte die sich der Artikulation widersetzen

Traum von der Rückverwandlung der Erde in menschenleere Savanne riesige Blumen der Märchenurzeit Traum von den Bewegungen eines einzigen Menschen im Dreieck Offenbach Karlsruhe Trier

graue Fahnen des fahlen Dezemberhimmels geben den Begriff von Urzeit

ich habe gelebt aber ich weiß nicht ob ich es bewußt geworden bin

ich mache Vorbehalte mein Leben ist Vorbehalt

ich lebe weiter als Überläufer an allen Fronten

das ganze Problem der neueren Literatur besteht darin daß die stoffliche Auffüllung selbst die Form zu bewirken vermag

ich mache Vorbehalte mein Leben ist Vorbehalt

das Jahr 1974 sagte am Freitag dem 13. Dezember Walter Renz war ein Jahr ohne Substanz

ich rede vorbehaltlich

Martin Walser

Begründung

Mein Auftraggeber sei der, dem es schlechter geht.
Die Sprache hab ich von meiner Angst.
Mir fällt ein, was mir fehlt. Ich schreibe
nicht aus Übermut.

Rita Breit

kinderladen am kuhhirtenturm

mein sohn ist fast immer
morgens das erste kind ich
habs von den müttern am eiligsten

oben auf den stufen stehen
noch die spieleimer von
gestern und die mutter die
mit dem putzen dranwar hat
die puppen und legosteine und
die bälle und kissen
geordnet ameisen
wetzen über den
gelben boden an
die wände hat mein sohn
als buntstiftkringel die
gesichter der andern kinder
und die von opa und oma
gemalt und ruft jetzt
nach ihnen weil sie nicht
kommen erst
gewöhnen wir uns noch an
die bezugsperson dieses tages dann
muß ich gehn und überlegen wer
diesmal für den nachmittag
meinen sohn betreut niemand
ist zuständig mein stummer bruder
hilft uns immer aus so
kann es nicht weitergehn ich
muß versuchen für
den jungen dazusein noch
ein halbes Jahr dann
wird mein sohn drei dann

kommen wieder berufe für mich
infrage in denen
nicht nur die tageszeit
vorbeigehn muß damit ichs vergeß sobald
ich heimkomm und
bis ich hinkomm am morgen

von meinem beruf gibt es genug heut
hoffentlich stehn wir nach diesem
jahr nicht noch einmal so hilflos da

(Leonce-und-Lena-Preis 1975)

Zeilenmann
(aus einem Tagebuch)

——— jetzt habe ich alles zusammen. Andrerseits sind diese 5 Wörter von Fragezeichen umgeben. Jetzt? Ein Termin ist keine Zäsur; nur, daß die »Expeditionen« 1959 veröffentlicht wurden, und daß diese »Neuen Expeditionen« sie, sozusagen, fortsetzen. Habe ich? Ich habe bloß gesammelt, was da ist, und vermittle es weiter. Alles zusammen? Nein, ich zweifle nicht daran, daß ich manches vernachlässigt habe, aus Mangel an Kenntnis, aus Einseitigkeit, aus falscher Bewertung. Indes, ich habe ausgewählt, was ich ausgewählt habe.

✱

Was ist das: ein Gedicht? Ein Apfel ist ein Apfel, und ein Mofa ist ein Mofa. Aber was ist ein Gedicht? Baudelaire definiert es anders als Brecht, Cummings anders als Hilde Domin, Eluard anders als Hegel, Pound anders als Majakovskij, Rimbaud anders als Sandburg, Valéry anders als Baudelaire; viele andre haben sich anders dazu geäußert. Jedermann hat Schulaufsätze geschrieben, jedermann schreibt Briefe, doch wer verfaßt Gedichte, außer, wenn er sehr jung ist? Poeten sind anders: ποειν = machen. Was machen? Etwas, das anders ist als alles sonst Gemachte. Sie, die stutzen, erschrecken, fragen, feststellen, zweifeln, verzweifeln, weinen, schreien, sie verwandeln dies alles in Buchstaben, Silben, Wörter, Sätze; sie sind deshalb nicht mehr als die, welche ihre Gedichte lesen. Bevor einer, der damit anfangen will, ein Gedicht zu schreiben, sich daranmacht, es aufs Papier zu bringen, bewegt sich schon jene andre Sprache [die zweite Sprache], die des Gedichteschreibens, in ihm. Sie ist vom anfänglichsten Anfang des Menschseins an vorhanden, genauso wie die Sprache des Alltags [die erste Sprache], die wir alle reden, vom Anfang an vorhanden ist. Beide Sprachen sind isoliert, beide können sich begegnen, eben in dem Individuum, das ein Gedicht verfaßt. Ehe nun einer damit beginnt, bemächtigt sich seiner die poetische Sprache, und mit einemmal entdeckt er sie, die bloß auf ihn gewartet hat, ihn anspringt, ihn ergreift, sich mit ihm vereinigt. Die Teilchen der immer und überall herumschweifenden Poesie treffen auf die individuellen Teilchen des einen oder des andern Gedichteschreibers. Endlich findet das Gedichtschreiben statt. Oder es scheitert. Falls es nicht scheitert, hat der, welcher Glück gehabt hat, die Erde und den Himmel und die Hölle, und die Menschen darauf und darunter und darüber, in sich hineinholen können, setzt sich mit ihnen auseinander, verändert sie auf seine ihm allein eigentümliche Art und Weise, und läßt sie, so verändert, wieder aus sich heraus.

Wohin? Zu uns, doch nicht nur zu denen, die schon Gedichte lesen, sondern auch zu denen, die, sozusagen, als Fremde einen Besuch bei Leuten machen, welche rätselhaften Beschäftigungen anheimgefallen sind. Da gibt es Schwierigkeiten, besonders die eine, daß es sich bei den Gedichten von heute um „moderne" Gedichte handelt, wie gesagt wird, wenn von vornherein verneint wird. Dabei wird nicht beachtet, daß sich niemand, der Gedichte schreibt, lyrisch verstellen kann, so, als lebte er im Jahr 1875 oder 1775 statt im Jahr 1975. Auch Gryphius hat moderne Gedichte geschrieben. Ich wenigstens kann mir kein Mondgedicht von heute vorstellen, ohne daß es die Landungen auf dem Mond, im Sinn einer Immanenz, wittert oder bemerkt. Unsre Lyriker haben die Sieben-Meilen-Stiefel unsrer Jahrzehnte an, ihre Wirklichkeiten, ihre Chiffren, die über uns alle verhängt sind, k.o. und o.k., ZK und KZ.

✱

Ich habe diese Anthologie in die drei Abschnitte WIR-ES-ICH eingeteilt. Als 1945 das Wir der lyrischen Hitlers erledigt war, strebten, und gelangten wir ins Gegenteil davon, ins Ich, jeder in sein eignes Ich. Gleichzeitig entstand in der DDR ein neues Wir, ein dem faschistischen Wir entgegengesetztes, ein sozialistisches Wir. Als wir in der Bundesrepublik das Ich intensivierten, ja, absolutierten, erschien dem gegenüber ein lyrisches Es: Gedichte aus der Sprache für die Sprache. Einige Es-Autoren zweifelten, was inbegriffen war, an der Sprache, ja, sie hoben sie fast auf, und entdeckten dafür neue Sprachserien, die so konsequent waren, daß sie exotisch zu sein schienen; trotzdem sind sie, wie jeder Versuch, unentbehrlich. Andrerseits breitete sich bei uns ein neues Wir aus, ein demokratisches Wir, das sich vom sozialistischen Wir in der DDR radikal unterschied: wir löken gegen den Stachel namens Staat, indes jene sich mit ihm, variabel, identifizieren. Teilweise wandte sich unser Wir einem Ich zu, das allerdings auf das Wir nicht verzichten konnte.

Ich habe auf die Hineinnahme der DDR-Gedichte in diese Sammlung verzichtet. Es fiel mir schwer. Aber ich meinte, daß es anmaßend wäre, 100 Gedichte von hier mit einem Dutzend Gedichte von dort zu mischen, anmaßend und falsch. Aber ganz davon wollte ich nicht absehen. Darum zitiere ich jetzt 3 Gedichte aus der DDR, die ich für besonders original halte; Gedichte von Stephan Hermlin aus den Jahren 1960 bis 1975 habe ich nicht gefunden, und wie es mit Dieter Schnappauf weiterging, weiß ich nicht:

Rainer Kirsch

Zeichnung

Einer hebt einen auf. Oder hat ihn
Niedergeworfen, oder Verbot ist
Ihn aufzuheben, hebt ihm den Kopf,
    oder die nächste
Kugel nach der die den der liegt traf trifft
Ihn, oder schon im Hüftbein. Oder das Haus
    oder Feuer.
Hebt einen auf, Alter mit Bart, der.
    Beugt sich.
Hinter dem Fenster: brennts, brennts nicht.
Die Stadt, die Welt. Einer einen. Beugt sich. Was ist.
Oder man sagt: das Leben hat diese Seiten.
Oder anders. Hebt ihn auf, der, den.
    Feuer, woher fällts.

Günter Kunert

Den Fischen das Fliegen
Beigebracht. Unzufrieden dann
Sie getreten wegen des
Fehlenden Gesanges.

Sarah Kirsch

Schwarze Bohnen

Nachmittags nehme ich ein Buch in die Hand
nachmittags lege ich ein Buch aus der Hand
nachmittags fällt mir ein es gibt Krieg
nachmittags vergesse ich jedweden Krieg
nachmittags mahle ich Kaffee
nachmittags setze ich den zermahlnen Kaffee
rückwärts zusammen schöne
schwarze Bohnen
nachmittags zieh ich mich aus mich an
erst schminke dann wasche ich mich
singe bin stumm

*

Zwischen 1960 und 1975 sind Hans Arp, Ingeborg Bachmann, Paul Celan, Günter Eich, Peter Gan, Raoul Hausmann, Erich Kästner, Marie Luise Kaschnitz, Wilhelm Klemm, Christine Lavant, Gertrud von le Fort, Wilhelm Lehmann, Paula Ludwig, Otto Nebel, Nelly Sachs, Regina Ullmann, Georg von der Vring, Ernst Waldinger gestorben. Ich wollte sie wenigstens mit ihren Namen nennen, sie, die leben, obwohl sie tot sind. Drei nicht so bekannte Lyriker, die in diesen 15 Jahren starben, möchte ich, zusätzlich, durch je ein Gedicht vermitteln: Rolf Dieter Brinkmann, Dieter Leisegang, Wolfgang Maier.

Seit 1968 verteile ich den Darmstädter Leonce- und Lena-Preis für neueste deutsche Lyrik; bisher habe ich das viermal getan. Auch wenn es eitel zu sein scheint, habe ich diese 4 Gedichte in diesen Band aufgenommen. Das fünfte Preisgedicht, das des Jahres 1975, ist am Ende dieser Sammlung gedruckt.

*

Flaubert hat gesagt: ein Lyrikband ist sehr viel mehr als eine Eisenbahn. Das hieße, variiert, auf heute bezogen: Gedichte sind sehr viel mehr als ein Raumschiff. Damit ist gemeint, daß der Geist um des Geistes willen mehr ist als ein Apparat, und dies grade in einer Phase des Menschen, die in der Gefahr ist, sich des Menschen immer gedankenloser zu entledigen. Ich hoffe, daß sich, in diesem Augenblick, ein Mädchen oder ein junger Mann, unsre Sprache sprechend, zum erstenmal einen Zettel herholt, in einer Universitätsbibliothek, in einem Tanzschuppen, wo auch immer, ein Gryphius-Autor, ein Hölderlin-Autor, ein Heym-Autor, ein Eich-Autor, und, frei von allem, wer vor ihm war, ein formal äußerstes, ein inhaltlich im Aufruhr befindliches Gedicht schreibt: aufrührerisch gegen alles, was den Menschen durch den Menschen entmenschlicht. Kein Träumer, sondern ein Prophet, der denkt, weil er sich die Wirklichkeiten einverleibt und unterworfen hat, statt sich von ihnen fangen zu lassen. Er oder sie: ein Ineinander aus Elementen von Thomas Müntzer und Helmuth James Moltke, ein Zeilenmann, dessen Zeilen Zeichen sind, wild und ökonomisch, für eine Utopie aus Widerstand und Brüderlichkeit. Utopien sind unbezwinglich. Zeilenmänner können uns von den Wiederkäuern der schändlichen und also schädlichen Phrasen befreien. So schreibend: gleichzeitig in Monolog und Auseinandersetzung; im Dreisprung: so-und-so-sein, nicht-mehr-sein-wie-bisher, anders-sein; für die Fußgänger auf der Frankfurter Zeil und auf der Hamburger Mönckebergstraße, für die Stenotypistin in München, für den Taxifahrer in Köln; darauf aus, andere nicht leiden zu lassen, eben durch die Gedichte; eine Fortsetzung unsrer demokratischen Literatur, damit die Demokratie nicht verkommt; an jedem Tag so schreibend, als

wäre heute der letzte Tag, aber auch an jedem Tag so schreibend,
als scheuche das Schreiben den letzten Tag weg; die Hoffnung in
der Wirklichkeit = die Zukunft schreibend ———

Die Autoren und ihre Lyrik-Bände

ILSE AICHINGER, 1921 in Wien geboren, lebt in Bayerisch Gmain. Wo ich wohne, Erzählungen, Dialoge, Gedichte, 1963.

H. C. ARTMANN, 1921 irgendwo in Österreich geboren, lebt in Salzburg. Ein lilienweißer Brief aus Lincolnshire, 1969; Aus meiner Botanisiertrommel, 1975.

ARNFRID ASTEL, 1933 in München geboren, lebt in Saarbrücken. Notstand, 1968; Kläranlage 1970.

WALTER AUE, 1930 in Schönbach (CSSR) geboren, lebt in Berlin. Worte die Worte die Bilder, 1963; Einbrüche, 1964; Der Tod des Grigori Rasputin, 1965; Galaxis, 1965; Chronik des Galilei, 1965; Memorandum, 1966; Image, 1967.

ROSE AUSLÄNDER, 1907 in Czernowitz geboren, lebt in Düsseldorf. Der Regenbogen, 1939; Blinder Sommer, 1965; 36 Gerechte, 1967; Inventar, 1972; Andere Zeichen, 1975; Ohne Visum, 1975.

RENATE AXT, 1934 in Darmstadt geboren, lebt dort. 365 Tage, 1971.

WOLFGANG BÄCHLER, 1925 in Augsburg geboren, lebt in München. Die Zisterne, 1950; Lichtwechsel, 1955; Lichtwechsel II, 1960; Türklingel, 1962; Türen aus Rauch, 1963.

JÜRGEN BECKER, 1932 in Köln geboren, lebt dort. Schnee, 1971; Das Ende der Landschaftsmalerei, 1974.

HANS BENDER, 1919 in Mühlhausen (Kraichgau) geboren, lebt in Köln. Fremde soll vorüber sein, 1951; Lyrische Biografie, 1957.

ROBERT BERLINER, 1929 in Berlin geboren, lebt in Wolfsburg. Bitte an Vorübergehende, 1964.

CHRIS BEZZEL, 1937 in Wetzhausen (Unterfranken) geboren, lebt in Hannover. Grundrisse, 1968.

HORST BIENEK, 1930 in Gleiwitz geboren, lebt in Ottobrunn bei München. Was war was ist, 1966; Vorgefundene Gedichte, 1969; Die Zeit danach, 1974.

HORST BINGEL, 1933 in Korbach (Hessen) geboren, lebt in Frankfurt am Main. Kleiner Napoleon, 1956; Auf der Ankerwinde zu Gast, 1960; Wir suchen Hitler, 1965; Lied für Zement, 1975.

DAGMAR BLUDAU, 1945 in Hof an der Steinach geboren, lebt in Montabaur.

ELISABETH BORCHERS, 1926 in Homberg am Niederrhein geboren, lebt in Frankfurt am Main. Gedichte, 1961; Der Tisch, an dem wir sitzen, 1967.

NICOLAS BORN, 1937 in Duisburg geboren, lebt in Berlin. Marktlage, 1967; Wo mir der Kopf steht, 1970; Das Auge des Entdeckers, 1972.

CLAUS BREMER, 1924 in Hamburg geboren, lebt in Forch bei Zürich. Poesie, 1954; Tabellen und Variationen, 1960; Ideogramme, 1964; Engagierende Texte, 1966; Texte und Kommentare, 1968; Anlässe, 1970.

ROLF DIETER BRINKMANN, 1940 in Vechta (Oldenburg) geboren, 1975 in London gestorben. Was fraglich ist wofür, 1967; Die Piloten, 1968; Gras, 1970; Westwärts 1 & 2, 1975.

PETER O. CHOTJEWITZ, 1934 in Berlin geboren, lebt in Kruspis (Hessen). Ulmer Brettspiele, 1965; Die Gegenstände der Gedankenstille, 1975.

CHRISTIANE UND FREDRIK, 1949 in Herborn, 1942 in Stendal geboren, leben in Salzböden (Hessen). Die Maultrommel, 1974.

CHARLOTTE CHRISTOFF, in Bonn geboren, lebt in Ockenheim bei Bingen. Gegenbeweise, 1969; Auch Dir wurde Bescheid gegeben, 1974.

GISELA COENEN, 1938 in Königsberg geboren, lebt in Werschenrege bei Bremen.

F. C. DELIUS, 1943 in Rom geboren, lebt in Berlin. Kerbholz, 1965; Wenn wir, bei Rot, 1969; Ein Bankier auf der Flucht, 1975.

FRITZ DEPPERT, 1932 in Darmstadt geboren, lebt dort. Gedichte, 1967; Atemholen, 1974.

HUGO DITTBERNER, 1944 in Gieboldehausen geboren, lebt in Göttingen. Rutschbahn (zus. m. JENS WILKE), 1973; Passierscheine, 1973; Donnervogel (zus. m. JENS WILKE), 1973.

REINHARD DÖHL, 1934 in Wattenscheid geboren, lebt in Stuttgart. 11 texte, 1960; missa profana, 1962; fingerübungen, 1962; 4 texte, 1965; bedepequ, 1967; poemes structures in the looking glass (zus. m. KLAUS BURKHARDT), 1969.

HILDE DOMIN, 1912 in Köln geboren, lebt in Heidelberg. Nur eine Rose als Stütze, 1959; Rückkehr der Schiffe, 1962; Hier, 1964; Höhlenbilder, 1968; Ich will dich, 1970.

MARIANNE EICHHOLZ, in Windhuk (Afrika) geboren, lebt in Berlin. Berlin, ein lyrischer Stadtplan, 1964.

HANS MAGNUS ENZENSBERGER, 1929 in Kaufbeuren geboren, lebt in Berlin. Verteidigung der Wölfe, 1957; Landessprache, 1960; Blindenschrift, 1964; Gedichte 1955—1970, 1971; Mausoleum, 1975.

RICHARD EXNER, 1929 in Niedersachswerfen (Harz) geboren, lebt in Santa Barbara (USA). Gedichte, 1956.

LUDWIG FELS, 1946 in Treuchtlingen geboren, lebt in Nürnberg. Anläufe, 1973; Ernüchterung, 1975.

ERICH FRIED, 1921 in Wien geboren, lebt in London. Gedichte, 1958; Reich der Steine, 1963; Überlegungen, 1964; Warngedichte, 1964; und Vietnam und, 1966; Anfechtungen, 1967; Befreiung von der Flucht, 1968; Zeitfragen, 1969; Die Beine der größeren Lügen, 1969; Unter Nebenfeinden, 1970; Die Freiheit, den Mund aufzumachen, 1972; Gegengift, 1974.

Felicitas Frischmuth, 1930 in Berlin geboren, lebt in St. Wendel (Saar).

Walter Helmut Fritz, 1929 in Karlsruhe geboren, lebt dort. Achtsam sein, 1956; Bild und Zeichen, 1958; Veränderte Jahre, 1963; Zwischenbemerkungen, 1964; Die Zuverlässigkeit der Unruhe, 1966; Bemerkungen zu einer Gegend, 1969; Aus der Nähe, 1972.

Günter Bruno Fuchs, 1928 in Berlin geboren, lebt dort. Nach der Haussuchung, 1957; Brevier eines Degenschluckers, 1960; Trinkermeditationen, 1962; Pennergesang, 1966; Blätter eines Hof-Poeten, 1967; Handbuch für Einwohner, 1970.

Wilhelm Genazino, 1943 in Mannheim geboren, lebt in Frankfurt am Main.

Jochen Gerz, 1940 in Berlin geboren, lebt in Paris. Footing, 1968; Replay, 1969; Resurrection, 1970; Recto/Verso, 1971; Annoncenteil, 1971; Die Beschreibung des Papiers, 1973; Die Zeit der Beschreibung, 1974.

Eugen Gomringer, 1925 in Cachuela (Bolivien) geboren, lebt in Erkersreuth (Bayern). Konstellationen, 1953; 33 konstellationen, 1960; die konstellationen — las constelaciones, 1964; das stundenbuch, 1965; worte sind schatten, die konstellation, 1969; eugen gomringer 1970—1972, 1973.

Thomas Goretzko, keine Angaben.

Günter Grass, 1927 in Danzig geboren, lebt in Berlin. Die Vorzüge der Windhühner, 1956; Gleisdreieck, 1960; Ausgefragt, 1967; Gesammelte Gedichte, 1971.

Günter Guben, 1938 in Guben geboren, lebt in Esslingen. Mit dem Rücken zur Wand, doch die Wand ein Anstand, 1974.

Aldona Gustas, 1932 in Karceviskiu (Litauen) geboren, lebt in Berlin. Nachtstraßen, 1962; Grasdeuter, 1963; Mikronautenzüge, 1964; Blaue Sträucher, 1967; Notizen, 1967; Liebedichtexte, 1968; Worterotik, 1971; Frankierter Morgenhimmel, 1975.

Wolfgang Hädecke, 1929 in Weißenfels an der Saale geboren, lebt in Bielefeld. Uns stehen die Fragen auf, 1958; Leuchtspur im Schnee, 1963.

Peter Härtling, 1933 in Chemnitz geboren, lebt in Walldorf (Hessen). Poeme und Songs, 1953; Yamins Stationen, 1955; Unter den Brunnen, 1958; Spielgeist — Spiegelgeist, 1962; Neue Gedichte, 1973.

Rudolf Hagelstange, 1912 in Nordhausen (Harz) geboren, lebt in Erbach (Odenwald). Es spannt sich der Bogen, 1943; Venezianisches Credo, 1945; Strom der Zeit, 1948; Meersburger Elegie, 1950; Ballade vom verschütteten Leben, 1952; Zwischen Stern und Staub, 1953; Lied der Jahre (Ges. Gedichte 1931—61), 1962; Corazon, 1963; Die schwindende Spur, 1967; Gespräch über Bäume, 1971.

FRIEDRICH HAGEN, 1903 in Nürnberg geboren, lebt in Le Plessis-Robinson (Frankreich). Weinberg der Zeit, 1949; Paroles à face humaine, 1949.

MARGARETE HANNSMANN, 1921 in Heidenheim (Württemberg) geboren, lebt in Stuttgart. Tauch in den Stein, 1964; Maquis im Nirgendwo, 1966; Zerbrich die Sonnenschaufel, 1966; Grob fein & göttlich, 1970; Zwischen Urne und Stier, 1971; Das andere Ufer vor Augen, 1972; Ins Gedächtnis der Erde geprägt, 1973; In tyrannos, 1974; Fernsehabsage, 1974; Blei im Gefieder, 1975; Buchenwald — dreißig Jahre später, 1975.

LUDWIG HARIG, 1927 in Sulzbach an der Saar geboren, lebt in Dudweiler an der Saar.

ROLF HAUFS, 1935 in Düsseldorf geboren, lebt in Berlin. Straße nach Kohlhasenbrück, 1962; Sonntage in Moabit, 1964; Vorstadtbeichte, 1967.

HANS-JÜRGEN HEISE, 1930 in Bublitz (Pommern) geboren, lebt in Kiel. Vorboten einer neuen Steppe, 1961; Wegloser Traum, 1964; Beschlagener Rückspiegel, 1965; Worte aus der Zentrifuge, 1966; Ein bewohnbares Haus, 1968; Küstenwind, 1969; Uhrenvergleich, 1971; Besitzungen in Untersee, 1973; Vom Landurlaub zurück, 1975.

HELMUT HEISSENBÜTTEL, 1921 in Wilhelmshaven geboren, lebt in Stuttgart. Kombinationen, 1954; Topographien, 1956; Textbuch 1—6, 1960—67; Das Textbuch, 1970; Gelegenheitsgedichte und Klappentexte, 1972; Das Durchhauen des Kohlhaupts, 1974.

GERD HENNIGER, 1930 in Chemnitz geboren, lebt in Berlin. Rückkehr vom Frieden, 1969; Irrläufer, 1972.

WALTER HÖLLERER, 1922 in Sulzbach-Rosenberg (Oberpfalz) geboren, lebt in Berlin. Der andere Gast, 1952; Gedichte. Wie entsteht ein Gedicht, 1964; Außerhalb der Saison, 1967; Systeme, 1969.

MAX HÖLZER, 1915 in Graz geboren, lebt in Paris. Entstehung eines Sternbilds, 1958; Der Doppelgänger, 1959; Nigredo, 1962; Gesicht ohne Gesicht, 1968; Meditation in Kastilien, 1968; Lunariae, 1972.

DIETER HOFFMANN, 1934 in Dresden geboren, lebt in Frankfurt am Main. Aufzücke deine Sternenhände, 1953; Mohnwahn, 1956; Eros im Steinlaub, 1961; Ziselierte Blutbahn, 1964; Stierstädter Gartenbuch, 1964; Veduten, 1969; Lebende Bilder, 1971; Elf Kinder-Gedichte, 1972; Œil de Bœuf — zwölf Landschaftsgedichte, 1972; Seligenstädter Gedichte, 1973; Papiers Peints, 1974; Villa Palagonia, 1975.

PETER HUCHEL, 1903 in Lichterfelde bei Berlin geboren, lebt in Staufen (Schwarzwald). Der Knabenteich, 1932; Gedichte, 1948; Chausseen, Chausseen, 1963; Die Sternenreuse, 1967; Unterm Sternbild des Hercules, 1968; Gedichte, 1969; Gezählte Tage, 1972; Ausgewählte Gedichte, 1973.

184

HADAYATULLAH HÜBSCH, 1946 in Chemnitz geboren, lebt in Frankfurt am Main. Mach was du willst, 1969; die von der generation kamikaze, 1970; ausgeflippt, 1971.

HANNS DIETER HÜSCH, 1925 in Moers am Niederrhein geboren, lebt in Mainz. Carmina urana — Gesänge gegen die Bombe, 1964; Freunde, wir haben Arbeit bekommen, 1968.

KATRINE VON HUTTEN, 1944 in Lohr am Main geboren, lebt in Princeton (USA). Von Kopf bis Fuß, 1973. Leonce-und-Lena-Preis 1969.

ERNST JANDL, 1925 in Wien geboren, lebt dort. Andere Augen, 1956; lange gedichte, 1964; klare gerührt, 1964; mai hart lieb zapfen eibe hold, 1965; No Music Please, 1965; Laut und Luise, 1966; Sprechblasen, 1968; der künstliche baum, 1970; flöda und der schwan, 1971; Dingfest, 1973; übung mit buben, 1973; serienfuß, 1974; wischen möchten, 1974; für alle, 1974; der versteckte hirte, 1975; Alle freut, was alle freut, 1975.

ELFRIEDE JELINEK, 1946 in Mürzzuschlag (Steiermark) geboren, lebt in Wien. Lisas schatten, o. J.

HANNE F. JURITZ, 1942 in Straßburg geboren, lebt in Dreieichenhain (Hessen). Nach der ersten Halbzeit, 1973; Nr. 2, 1975; Leonce-und-Lena-Preis 1972.

YAAK KARSUNKE, 1934 in Berlin geboren, lebt dort. Vilroy und andere, 1967; reden & ausreden, 1969.

GERD KAUL, 1948 in Castrop-Rauxel geboren, lebt in Frankfurt/M.

MARTIN KESSEL, 1901 in Plauen geboren, lebt in Berlin. Gesammelte Gedichte, 1951; In Wirklichkeit aber, 1954; Kopf und Herz, 1963; Alles lebt nur, wenn es leuchtet, 1971.

HERMANN KESTEN, 1900 in Nürnberg geboren, lebt in Rom. Ich bin, der ich bin, 1974.

WILHELM KÖNIG, 1935 in Tübingen geboren, lebt in Reutlingen. Lebenslauf, 1974; Eulen in Athen, 1975.

URSULA KRECHEL, 1947 in Trier geboren, lebt in Darmstadt.

FERDINAND KRIWET, 1942 in Düsseldorf geboren, lebt dort. Rotor, 1961; 10 Sehtexte, 1962; Sehtexte, 1964.

KARL KROLOW, 1915 in Hannover geboren, lebt in Darmstadt. Hochgelobtes, gutes Leben, 1943; Gedichte, 1948; Heimsuchung, 1948; Auf Erden, 1949; Die Zeichen der Welt, 1952; Wind und Zeit, 1954; Tage und Nächte, 1956; Fremde Körper, 1959; Unsichtbare Hände, 1962; Reise durch die Nacht, 1964; Gesammelte Gedichte, 1965; Landschaften für mich, 1966; Alltägliche Gedichte, 1968; Nichts weiter als Leben, 1970; Zeitvergehen, 1972; Gesammelte Gedichte II, 1975.

MICHAEL KRÜGER, 1943 in Wittgendorf bei Zeitz geboren, lebt in München.

HARALD KRUSE, 1945 in Wasbek bei Neumünster geboren, lebt in Neumünster.

HELMUT LAMPRECHT, 1925 in Ivenrode bei Magdeburg geboren, lebt in Bremen. Gedichte, 1953; Die Hörner beim Stier gepackt, 1975.

DIETER LEISEGANG, 1942 in Wiesbaden geboren, 1973 in Offenbach gestorben. Bilder der Frühe, 1962; Brüche, 1964; Überschreitungen, 1965; Interieurs, 1966; Hoffmann am Fenster, 1968; Unordentliche Gegend, 1971; Aus privaten Gründen, 1973.

KURT LEONHARD, 1910 in Berlin geboren, lebt in Esslingen. Gegenwelt, 1955; Silbe, Bild und Wirklichkeit, 1957; Phallosaffenstaat, 1965; Homo sapiens, 1968; Wort wider Wort, 1974.

REINHARD LETTAU, 1929 in Erfurt geboren, lebt in La Jolla/Californien (USA). Gedichte, 1968.

ECKART VAN DER LINDE, 1940 in Hamburg geboren, lebt dort.

ROLAND LUDWIG, 1939 in Schwäbisch Hall geboren, lebt in Pfullingen.

HELMUT MADER, 1932 in Oderberg (CSSR) geboren, lebt in Düsseldorf. Lippenstift für die Seele, 1955; Die Mutationen der Aphrodite, 1964; Mittelalter, 1964; Selbstportrait mit Christopher Marlowe, 1965.

WOLFGANG MAIER, 1934 in Frankfurt am Main geboren, 1973 dort gestorben.

HANS MANZ, 1931 in Wila bei Zürich geboren, lebt in Erlenbach bei Zürich. Gesellschaftsspiele, o. J.; Worte kann man drehen, 1974.

KURT MARTI, 1921 in Bern geboren, lebt dort. Boulevard Bikini, 1959; republikanische gedichte, 1959; gedichte am rand, 1963; gedichte alfabeete & cymbalklang, 1966; Rosa Loui — vierzg gedicht ir bärner umgangsschprach, 1967; leichenreden, 1969; Heil-Vetia, 1971; undereinisch — gedicht ir bärner umgangsschprach, 1973.

FRIEDERIKE MAYRÖCKER, 1924 in Wien geboren, lebt dort. Metaphorisch, 1965; texte, 1966; Tod durch Musen, 1966; Sägespäne für mein Herzbluten, 1967; Blaue Erleuchtungen. Erste Gedichte, 1972; in langsamen blitzen, 1974; schriftungen oder gerüchte aus dem jenseits, 1975.

CHRISTOPH MECKEL, 1935 in Berlin geboren, lebt dort und in Frankreich. Tarnkappe, 1956; Hotel für Schlafwandler, 1958; Nebelhörner, 1959; Wildnisse, 1962; Bei Lebzeiten zu singen, 1967; Die Balladen des Thomas Balkan, 1968; Lieder aus dem Dreckloch, 1972; Wen es angeht, 1974; Nachtessen, 1975.

WALTER MEHRING, 1896 in Berlin geboren, lebt in München. Das politische Cabaret, 1920; Das Ketzerbrevier, 1921; Die Gedichte, Lieder und Chansons, 1929; Arche Noah SOS, 1931; Und Euch zum Trotz, 1934; Der Zeitpuls fliegt, 1958; Morgenlied eines Gepäckträgers, 1959; Neues Ketzerbrevier, 1962; Kleines Lumpenbrevier, 1965; Großes Ketzerbrevier, 1974.

Ernst Meister, 1911 in Hagen-Haspe geboren, lebt dort. Ausstellung, 1932; Unterm schwarzen Schafspelz, 1953; Dem Spiegelkabinett gegenüber, 1954; Der Südwind sagte zu mir, 1955; ... und Ararat, 1957; Fermate, 1957; Pithyusa, 1958; Zahlen und Figuren, 1958; Lichtes Labyrinth, 1959; Les yeux, les barques, 1960; Die Formel und die Stätte, 1960; Flut und Stein, 1962; Gedichte 1932—1964, 1964; Au delà de l'eau delà, 1964; Zeichen um Zeichen, 1968; Schein und Gegenschein, 1968; Es kam die Nachricht, 1970; Sage vom Ganzen den Satz, 1973; Schatten, 1973.

Franz Mon, 1926 in Frankfurt am Main geboren, lebt dort. Artikulationen, 1959; sehgänge, 1964; lesebuch, 1967.

Walter Neumann, 1926 in Riga (Lettland) geboren, lebt in Bielefeld. Biographie in Bilderschrift, 1969; Klares Wasser, 1970; Grenzen, 1972; Mots-Clefs (Schlüsselworte), 1973.

Dagmar Nick, 1926 in Breslau geboren, lebt in Karlsbad (Baden) und München. Märtyrer, 1947; Das Buch Holofernes, 1955; In den Ellipsen des Mondes, 1959; Zeugnis und Zeichen, 1969.

Harry Oberländer, 1950 in Karlshafen an der Weser geboren, lebt in Frankfurt am Main. Leonce-und-Lena-Preis 1973.

Andreas Okopenko, 1930 in Košice (CSSR) geboren, lebt in Wien. Grüner November, 1957; Seltsame Tage, 1963; Warum sind die Latrinen so traurig?, 1969; Orte wechselnden Unbehagens, 1971.

Dietmar Ortlieb, 1945 in Stuttgart geboren, lebt in Tübingen.

Dietger Pforte, 1940 in Prag geboren, lebt in Berlin.

Heinz Piontek, 1925 in Kreuzburg (Oberschlesien) geboren, lebt in München. Die Furt, 1952; Die Rauchfahne, 1953; Wassermarken, 1957; Mit einer Kranichfeder, 1962; Klartext, 1966; Tot oder lebendig, 1972; Gesammelte Gedichte, 1975.

Johannes Poethen, 1928 in Wickrath am Niederrhein geboren, lebt in Stuttgart. Lorbeer über gestirntem Haupt, 1952; Risse des Himmels, 1956; Stille im trockenen Dorn, 1958; Ankunft und Echo, 1961; Baumgedicht, 1961; Gedichte, 1963; Wohnstadt zwischen den Atemzügen, 1966; Kranichtanz, 1967; Im Namen der Trauer, 1969; Gedichte 1946—1971, 1973.

Fritz Pratz, 1927 in Honhardt (Württemberg) geboren, lebt in Darmstadt.

Kuno Raeber, 1922 in Klingnau (Schweiz) geboren, lebt in München. Gesicht am Mittag, 1950; Die verwandelten Schiffe, 1957; Gedichte, 1960; Flußufer, 1963.

Ulrich Raschke, 1943 in Frankfurt am Main geboren, lebt in Reutlingen. Kadaver, 1965; karneval, 1967.

Josef Reding, 1929 in Castrop-Rauxel geboren, lebt in Dortmund. Gutentagtexte, 1974.

Jens Rehn, 1918 in Flensburg geboren, lebt in Berlin. Daten, Bilder, Hinweise, Störungen, 1963.

ARNO REINFRANK, 1934 in Mannheim geboren, lebt in London. Vor der Universität, 1959; Pfennigweisheiten, 1959; Fleischlicher Erlaß, 1961; Vorübergehende Siege, 1963; Auf unserem Stern, 1964; Die Davidsschleuder, 1966; Deutschlandlieder zum Leierkasten, 1969; Rauchrichtung, 1970; Ein Nebbich singt, 1971; Für ein neues Deutschland, 1971; Verse und Lieder, 1971; Mutationen, 1973; Fernsehabend, 1975.

CHRISTA REINIG, 1926 in Berlin geboren, lebt in München. Die Steine von Finisterre, 1960; Gedichte, 1963; Schwalbe von Olevano, 1969; Papantscha-Vielerlei, 1971.

FRIEDERIKE ROTH, 1948 in Sindelfingen geboren, lebt in Stuttgart.

ERIKA RUCKDÄSCHEL, 1939 in Ohrdruf (Thüringen) geboren, lebt in München.

GERHARD RÜHM, 1930 in Wien geboren, lebt in Berlin und Hamburg. Hosn rosn baa, 1959; konstellationen, 1961; farbengedicht, 1965; söbsdmeadagraunz, 1965; thusnelda-romanzen, 1968; gesammelte gedichte und visuelle texte, 1970; charles baudelaire — die reise nach cythera, 1971; wahnsinn — litaneien, 1973.

PETER RÜHMKORF, 1929 in Dortmund geboren, lebt in Hamburg. Heisse Lyrik (zus. m. WERNER RIEGEL), 1956; Irdisches Vergnügen in g, 1959; Kunststücke — 50 Gedichte nebst einer Anleitung zum Widerspruch, 1962; Gemischtes Doppel, 1966; Walther von der Vogelweide, Klopstock und ich, 1975.

HEINZ WINFRIED SABAIS, 1922 in Breslau geboren, lebt in Darmstadt. Über allem sei Liebe, 1947; Mein Acker ist die Zeit, 1948; Looping über dem Abendland, 1956; Mitteilungen/Communications, 1971.

PETER SALOMON, 1947 in Berlin geboren, lebt in Konstanz. Kaufhausgedichte, 1975.

MARGOT SCHARPENBERG, 1924 in Köln geboren, lebt in New York. Gefährliche Übung, 1957; Spiegelschriften, 1961; Brandbaum, 1965; Schwarzweiß, 1966; Vermeintliche Windstille, 1968; Mit Sprach- und Fingerspitzen, 1970; Spielraum, 1972; Spuren, 1973; Bildgespräche mit Zillis, 1974; Neue Spuren, 1975.

JOHANNES SCHENK, 1941 in Berlin geboren, lebt dort. Bilanzen und Ziegenkäse, 1968; Zwiebeln und Präsidenten, 1969; Die Genossin Utopie, 1973.

WOLFDIETRICH SCHNURRE, 1920 in Frankfurt am Main geboren, lebt in Berlin und Porto Valtravaglia (Italien). Kassiber, 1956; Abendländler, 1957; Kassiber/Neue Gedichte/Formel und Dechiffrierung, 1964; Der Spatz in der Hand — Fabeln und Verse, 1973.

KARL SCHWEDHELM, 1915 in Berlin geboren, lebt in Winnenden bei Stuttgart. Fährte der Fische, 1955.

ANGELA SOMMER, 1948 in Reinbek bei Hamburg geboren, lebt in Norderstedt bei Hamburg.

HANNELIES TASCHAU, 1937 in Hamburg geboren, lebt in Hameln. Verworrene Route, 1959; Gedichte, 1969.

RALF THENIOR, 1945 in Bad Kudowa geboren, lebt in Hamburg.

JÜRGEN THEOBALDY, 1944 in Straßburg geboren, lebt in Berlin. Sperrsitz, 1973; Blaue Flecken, 1974.

GUNTRAM VESPER, 1941 in Frohburg bei Leipzig geboren, lebt in Göttingen. Politische Flugschrift, 1964; Fahrplan, 1965; Gedichte, 1965.

MARTIN WALSER, 1927 in Wasserburg am Bodensee geboren, lebt in Nußdorf am Bodensee.

HILDEGARD WOHLGEMUTH, 1917 im Ruhrgebiet geboren, lebt in Hamburg. Wen soll ich nach Rosen schicken, 1971.

GABRIELE WOHMANN, 1932 in Darmstadt geboren, lebt dort. So ist die Lage, 1974.

ROR WOLF, 1932 in Saalfeld (Thüringen) geboren, lebt in Mainz. Mein famili, 1968; mein famili & waldmanns abenteuer, 1971.

WOLF WONDRATSCHEK, 1943 in Rudolstadt (Thüringen) geboren, lebt in München. Chucks Zimmer, 1974. Leonce-und-Lena-Preis 1968.

(Zusammenstellung: Margot v. Kurnatowski)

Für freundliche Abdruckgenehmigungen danken Verlag und Herausgeber den folgenden Verlagen:

Claassen Verlag GmbH, Düsseldorf (*Margarete Hannsmann*, aus: „Fernsehabsage", 1974; *Hans-Jürgen Heise*, aus: „Vom Landurlaub zurück", 1975; *Johannes Poethen*, aus: „Gedichte 1946—1971", 1973). Concept Verlag, Düsseldorf (*Rose Ausländer*, aus: „Andere Zeichen", 1975). Delp'sche Verlagsbuchhandlung KG, München (*Dagmar Nick*, aus: „Zeugnis und Zeichen", 1969). Verlag Eremiten-Presse, Düsseldorf (*Horst Bienek*, aus: „Die Zeit danach", 1974; *Hanne F. Juritz*, aus: „Nach der ersten Halbzeit", 1973; *Christoph Meckel*, aus: „Wen es angeht", 1974; *Christa Reinig*, aus: „Die Steine von Finisterre", 1974; *Gabriele Wohmann*, aus: „So ist die Lage", 1974). Carl Hanser Verlag, München (*Günter Bruno Fuchs*, aus: „Pennergesang", 1966). v. Hase & Koehler Verlag GmbH, Mainz (*Kurt Leonhard*, aus: „Wort wider Wort", 1974). Horst Heiderhoff Verlag, Echzell (*Dieter Leisegang*, aus: „Aus privaten Gründen", 1973). Hoffmann und Campe Verlag, Hamburg (*Heinz Piontek*, aus: „Klartext", 1966). Verlagsgruppe Langen-Müller/Herbig, München (*Walter Mehring*, aus: „Großes Ketzerbrevier", 1974). Limes Verlag, Wiesbaden und München (*Helmut Mader*, aus: „Selbstportrait mit Christopher Marlowe", 1965; *Arno Reinfrank*, aus: „Fernsehabend", 1975). Hermann Luchterhand Verlag, Darmstadt und Neuwied (*Hadayatullah Hübsch*, aus: „ausgeflippt", 1971; *Ernst Jandl*, aus: „Für alle", 1974; *Friederike Mayröcker*, aus: „Tod durch Musen", 1973; *Ernst Meister*, aus: „Gedichte 1932—1964", 1964). Verlag Arthur Niggli AG, Niederteufen (*Kurt Marti*, aus: „gedichte am rand", 1963). Rotbuch Verlag GmbH, Berlin (*F. C. Delius*, aus: „Ein Bankier auf der Flucht", 1975). Rowohlt Taschenbuch Verlag GmbH, Reinbek (*Rolf Dieter Brinkmann*, aus: „Westwärts 1&2", dnb 63, 1975; *Jürgen Theobaldy*, aus: „Blaue Flecken", dnb 51, 1974). Suhrkamp Verlag, Frankfurt am Main (*H. C. Artmann*, aus: „Ein lilienweißer Brief aus Lincolnshire", 1969; *Jürgen Becker*, aus: „Das Ende der Landschaftsmalerei", 1974; *Karl Krolow*, aus: „Alltägliche Gedichte", Bibliothek Suhrkamp, 1968; *Ror Wolf*, aus: „mein famili & waldmanns abenteuer, 1971). Verlag Klaus Wagenbach, Berlin (*Erich Fried*, aus: „Gegengift", 1974; *Johannes Schenk*, aus: „Die Genossin Utopie", 1973).

Rudolf Hagelstange

Venezianisches
Credo

Neuauflage (51. bis 55. Tausend) zum
30. Jahrestag des illegalen Veroneser Erst-
drucks mit einem „Lebenslauf" der doku-
mentarischen Gedichtfolge. 80 Seiten.
Bibliophiler Pappband.

Bücher haben ihre Schicksale — das alte
Wort trifft auch für das Credo und seinen
Weg aus dem hellen Venedig über Verona,
durch Gefangenschaft und Notzeiten der
Besatzung und Teilung bis in die leicht-
lebige Gegenwart zu. Als Dokument ist
diese Gedichtfolge längst in die Literatur-
geschichte eingegangen. Die Summe sei-
ner poetischen Empfindungen und An-
stöße ist als Conclusion und Losung ge-
blieben: Ein Geist zu sinnen und ein Herz
zu lieben!

Paul List Verlag